INHALT

POLIZEI
HUNTEMANN
AuH HUNTEMANN

Entdecken Sie Hamburg!

Hamburger sind unfreundlich, steif und kümmern sich nur ums Geschäft, sagt man. Doch das Bild des sturen Hanseaten ist ebenso verbreitet wie unzutreffend

Über Hamburg ist im Laufe seiner mehr als tausendjährigen Geschichte schon viel Unsinn verbreitet worden. Glauben Sie nichts davon – es ist alles nicht wahr. Es stimmt zum Beispiel nicht, daß Hamburg am Meer liegt: Die Nordsee beginnt mehr als einhundert Kilometer elbabwärts, und die Ostsee liegt rund sechzig Kilometer nordöstlich. Es stimmt auch nicht, daß es in Hamburg ständig regnet: Hamburg hat nicht weniger Sonnentage als Stuttgart, und die Niederschlagsmenge ist durchaus mit der Münchens vergleichbar. Es stimmt ferner nicht, daß jeder Hamburger ein steifer, förmlicher und zugeknöpfter Kaufmann sei, der mit Auswärtigen kein einziges Wort wechselt: Gehen Sie wochentags über den Hamburger Isemarkt, besuchen Sie, wenn es schon sein muß, den Fischmarkt am frühen Sonntagmorgen oder den Hafengeburtstag im Mai – Sie werden Ihr blaues Wunder erleben. Bei dieser Gelegenheit: Es stimmt auch nicht, daß Friedrich Barbarossa am 7. Mai 1189 einen Freibrief für die Bürger der Hamburger Neustadt ausgestellt hätte, von dem sie dessenungeachtet seit mehr als achthundert Jahren ihr Recht auf freien Handel, Seefahrt und Unabhängigkeit herleiten; der Brief ist eine glatte Fälschung und der Hafengeburtstag nichts weiter als ein willkommener Anlaß, die längste Würstchenbudenstraße der westlichen (und vermutlich auch der östlichen) Hemisphäre aufzubauen. Es stimmt ferner nicht, daß der Süden boomt und der Norden wirtschaftlich tot ist. Ein einfacher Beweis genügt: Versuchen Sie mal, in Hamburg eine Wohnung zu finden! Der ehemalige Bürgermeister Klaus von Dohnanyi hat einmal erzählt, daß er in jeder fremden Stadt immer zuerst auf einen Turm geklettert sei, um die Baukräne zu zählen. Wo viel gebaut wird, lautete seine Theorie, da stimmt die Konjunktur. Und in der Tat gab es in Dohnanyis Amtsperiode Mitte der achtziger Jahre in

Der Hamburger Hafen ist das »Tor zur Welt«. Die Ozeangiganten faszinieren nicht nur Binnenländer

Hamburg nicht allzuviel zu zählen. Die Stadt schien den Anschluß verpaßt zu haben.

Heute recken sich die Baukräne wieder an jeder Ecke der City in die Höhe. Unbebaute Innenstadtgrundstücke gibt es praktisch nicht mehr, und die letzten Baulücken sind auch schon längst verplant.

Durch die Vereinigung Deutschlands ist Hamburgs Hafen wieder für den gesamten Osthandel interessant geworden. Von einer neuen Aufbruchstimmung ist die Rede, und mancher hofft insgeheim, daß die Stadt nicht zu Tode prosperiert. Denn die Kehrseite des Booms bekommt Hamburg wie jede andere Großstadt zu spüren: horrende Mieten und steigende Obdachlosigkeit, leider auch Ausländerfeindlichkeit und Drogenmißbrauch.

Glanz und Elend liegen in Hamburg vielleicht nicht ganz so nahe zusammen wie in anderen Metropolen. Das hat etwas zu tun mit Weitläufigkeit und Distanz, die sich schon nach einem flüchtigen Blick auf den Stadtplan erkennen lassen. Es stimmt nämlich auch nicht, daß Hamburg eine steinerne, graue Stadt sei: Vermutlich ist es mit seinen Parks, Binnenseen, Kanälen und Flußläufen die grünste und von der Stadtgestalt großzügigste Metropole Europas.

Natürlich wird es niemandem einfallen, von Wohnmaschinen in Stadtvierteln wie Steilshoop, Mümmelmannsberg oder Kirchdorf-Süd zu schwärmen – oder von Geschäftsvierteln wie der City Nord. Sie sind Auswüchse der allgemeinen Bau- und Planungswut in den sechziger und siebziger Jahren unseres Jahrhunderts. Doch gibt es gerade in Hamburg sehr wohl auch gelungene Beispiele für Geschäfts- und Wohnhochhäuser, und das gleich von internationalem Rang: die Grindelhochhäuser, ausgerechnet im feinen Stadtteil Harvestehude, oder das Chilehaus, mitten in der Hamburger City.

Was aber Hamburg mehr noch kennzeichnet als seine Bauten, ist ein Lebensgefühl, das mancher schon beim allerersten Besuch, mancher erst nach Jahren und mancher überhaupt nie spürt: eine eigenartige Mischung aus Fernweh und überschaubarer Nähe, aus Weltoffenheit und Provinzialität, aus konservativer Lebenshaltung und Liberalität, aus Kleingeist und Wagemut. Der Heimatdichter und Schlagerkomponist Hans Leip – von dem auch das Lied »Lili Marleen« stammt – hat das so zusammengereimt: »Laat uns mal na Bombay, laat uns na Schanghai, un mal down to Rio, un mal na Hawaii. Laat uns dorch den Suez un den Panama wedder na Sankt Pauli, Hamborg-Altona«. Man muß an dieser Stelle überhaupt nicht den Schauspieler Hans Albers bemühen, der einen großen Teil seines Lebens am Starnberger See verbracht hat und dort auch gestorben ist, obwohl er gesagt haben soll: »Wenn ich mal dran bin, dann soll es in Hamburg sein.« Aber so ist das eben: Selbst hartgesottene Hamburger Intellektuelle bekommen noch nach der zehnten Vorstellung von »Große Freiheit Nr. 7« feuchte Augen, auch wenn sie wissen, daß der Film großenteils im ausgebombten Prag gedreht wurde. Es ist einfach »zu scheun«, wenn der blonde Hans singt. Hamburg hat nach der letzten Volkszählung rund 1,6 Millionen Einwohner. Hunderttausende von Pendlern aus dem niedersächsischen und schleswig-holsteinischen Umland strömen jeden Tag in die Stadt und wieder hinaus. Der größte Teil des Nord-Süd-Verkehrs von und nach Skandinavien muß außerdem durch Hamburg. Da ist es kein Wunder, daß die Verkehrsdurchsagen manchmal minutenlang von gewaltigen Staus auf allen Autobahnkreuzen und ganz besonders vor den Einfahrten des Elbtunnels berichten. Auf den Haupteinfallstraßen und in der Innenstadt bricht der Verkehr mit schöner Regelmäßigkeit zusammen, was jeder Hamburger Taxifahrer mit farbigen Worten zu schildern weiß. Doch verglichen mit Städten wie New York, Paris, Frankfurt oder Berlin geht es in Hamburg bemerkenswert ruhig zu. Der Hamburger läuft ungern, es sei denn, er würde ein Geschäft verpassen (daß das Gebiet um die Außenalster von zahllosen Joggern bevölkert wird, steht wieder auf einem anderen Blatt). Es gilt als höchst unfein, zu drängeln oder zu schubsen, und wenn im teuren Feinkostgeschäft ein Kunde des längeren oder breiteren über Farbe, Form und Herkunft einer Mohrrübe, hier »Wurzel« genannt, diskutieren will, dann heißt es für die anderen, höflich Ruhe zu bewahren. Jeder weiß: Wenn er an der Reihe ist, wird der Verkäufer auch ihm seine ungeteilte Aufmerksamkeit widmen. Ebenso unfein ist es, mit Geld, dicken Schmuckstücken oder gar Orden zu protzen. Der Hamburger betrachtet es als einzige, ihm angemessene Auszeichnung, Hamburger zu sein. Alle Versuche, in Hamburg eine blasierte Schickeria zu etablieren, sind in den vergangenen zwei Jahrzehnten kläglich gescheitert. Es gibt ein paar wechselnde Treffpunkte der ewig Jungen, Schönen, Prominenten und Reichen, aber selbst dort fällt nach wenigen Monaten gnadenlos das Volk aus Pinneberg, Quickborn, Eidelstedt oder Winsen an der Luhe ein. Das hat etwas ungemein Beruhigendes und Demokratisches. In den sogenannten besseren Kreisen pflegt man statt dessen die hanseatische Methode: Geregelt

Man übt Understatement in den weißen Villen am Elbufer

wird der Publikumsverkehr auf diskrete Weise über den Preis und allenfalls noch eine hochgezogene Augenbraue, etwa dann, wenn der Gast braune Schuhe zum blauen Anzug tragen sollte. Was im übrigen das Modebewußtsein des männlichen Teils der gehobenen Hamburger Bevölkerung angeht, so gilt unvermindert der Ausspruch eines bekannten Herrenschneiders: »Man kann in Hamburg jede Anzugfarbe tragen, vorausgesetzt, sie ist blau.«

Die Arbeit im Hafen hat die Stadt lange Zeit mehr geprägt als das Geld, das im und durch diesen Hafen verdient wurde. Mindestens ebenso selbstbewußt wie das freie Bürgertum dem Adel traten auch die Arbeiter dem Bürger gegenüber. So ziehen in Hamburg die Konservativen – trotz aller Unzufriedenheit mit dem sozialdemokratischen Filz –

Spaziergänge durch Hamburg

Rund um die Alster

Keine monumentalen Baupaläste, keine spektakulären Sehenswürdigkeiten, aber jederzeit ein angenehmer Weg am Wasser entlang. Manche halten den Gang vom Atlantic-Hotel zum Hotel Vier Jahreszeiten unter der Kennedy- und Lombardsbrücke hindurch für den schönsten, den es in einer europäischen Großstadt gibt.

Elbwanderweg

Wer will, kann den Fernwanderweg E 1 von Flensburg bis Genua absolvieren. Das Teilstück zwischen Blankenese und St.-Pauli-Landungsbrücken ist auch noch lang genug, aber es läßt sich bequem in Etappen aufteilen. An schönen Wochenenden tritt sich hier halb Hamburg auf die Füße.

Jugendstil

Ein Gang durch die Isestraße von der Hoheluftbrücke bis zum Leinpfadkanal veranschaulicht großbürgerliches Hamburger Wohnen in aufsteigender Sozialfolge.

Jungfernstieg

Mehr oder weniger ein Muß für den Hamburgbesucher. Die zur Alster gelegene Seite ist weniger überfüllt.

Kontorhausviertel

Abweisend norddeutsch erscheint die Backsteinarchitektur. Doch in den Passagen und Durchgängen rund um das Chilehaus haben sich viele Spezialgeschäfte halten können; durchaus eine Alternative zur benachbarten Mönckebergstraße.

Passagen

Vor allem bei Regen empfehlenswert. Zwischen Alter Post und ABC-Straße gelangt man trockenen Fußes durch alle Geschäfte und Stehimbisse.

Reeperbahn

Auch hier landet praktisch jeder Tourist, ob er will oder nicht. Tagsüber eher schäbig, leuchtet die »Amüsiermeile Hamburgs« bei Nacht reichlich grell.

Hafenrundfahrt

Kein Spaziergang, aber obligatorisch.

Hamburg hat mehr Brücken als Venedig. Blick vom Rathausmarkt über die Jungfernstiegbrücke auf die Binnenalster

bei fast allen Wahlen den kürzeren. Eine längere Arbeitertradition gibt es in kaum einer anderen deutschen Stadt.

Selbst wenn die großen Zeiten von Schiffbau und Seefahrt vorüber sind – eine Fahrt durch den Hamburger Hafen vermittelt immer noch ein Gefühl für den Wert harter Arbeit. Wenn dann der Kapitän – Hafenkapitäne heißen nicht umsonst »He lücht« – die großen Frachtschiffe und ihre Ladung beschreibt, schwingt ein gewisser Stolz immer mit. Nach langen Jahren der Stagnation verzeichnet der Hamburger Hafen durch die Öffnung Osteuropas in letzter Zeit wieder einen deutlichen Aufschwung.

Manche Hamburger halten Hafenromantik schon für Kultur. Das allerdings muß eingeräumt werden: Mit den schönen Künsten tut sich die Stadt traditionell schwer. Zwar gibt es hier das Deutsche Schauspielhaus, an dem immerhin Intendanten wie Gustaf Gründgens, Ivan Nagel oder Peter Zadek arbeiteten, und auch die Hamburgische Staatsoper braucht keinen Vergleich zu scheuen. Aber schon bei der modernen bildenden Kunst schneidet die Stadt auffallend schlecht ab. Die mageren Besucherzahlen einer ambitionierten Ausstellung zur Eröffnung der restaurierten Deichtorhallen in der Nähe des Hauptbahnhofes zeigten, wie gering das Interesse an Avantgardismus tatsächlich ist. Weder der Hafenarbeiter noch der Hamburger Kontorhausbesitzer haben für derlei je viel übrig gehabt. Vielleicht mehr als in anderen Städten heißt hier die Devise: Kunst geht nach Brot. Denn in der Tat gibt es sie, die vielgeschmähten »Pfeffersäcke«, von denen ein Besucher einmal geschrieben hat: »Adam Riese ist ihr Voltaire. Daher auch ihr Benehmen, die ganze Anmut einer Preisliste, die ganze Liebenswürdigkeit einer Rechnung, ja, die Artigkeit eines

Frachtbriefes. Kommt man ihnen mit Literatur, so reden sie von Zucker oder Kaffee, und auf das Thema Gefühle antworten sie mit Kakao und Gewürz. Begegnet man zufällig einem Kaufmann auf der Straße und begrüßt ihn, so macht er ein Gesicht, als erwarte er zwei Prozent für die Erwiderung des Grußes.«

Diese hanseatische Geisteshaltung hat schon Heinrich Heine zu spüren bekommen, jener Dichter, der zeit seines Lebens auf die Unterstützung seines Onkels, des Bankiers Salomon Heine, angewiesen war. Mit Hamburg verband ihn eine Art Haßliebe, und immer wenn er, sei es aus Geldmangel, sei es aus Gründen verschmähter Liebe, Abschied nahm – und er tat das viele Male –, so widmete er der Stadt und seiner Angebeteten ein Gedicht: »Schöne Wiege meiner Leiden, schönes Grabmal meiner Ruh', schöne Stadt, wir müssen scheiden, – lebe wohl! ruf' ich dir zu. Hätt ich dich doch nie gesehen, schöne Herzenskönigin! Nimmer wär' es dann geschehen, daß ich jetzt so elend bin.«

Auffallend lebendig ist in Hamburg dagegen die Musikszene, auch wenn der legendäre »Star-Club« oder das »Onkel Pö« schon lange ihre Pforten geschlossen haben. Trotzdem ziehen Popkonzerte regelmäßig Zehntausende an. Man ist immer noch stolz darauf, daß die Beatles Anfang der sechziger Jahre von hier aus ihre internationale Karriere begonnen haben.

Im Sportgeschehen hat sich in den letzten Jahren einiges verändert. Der alte, »reiche« Hamburger Sportverein HSV kämpft seit Jahren nicht mehr um die deutsche Fußballmeisterschaft, sondern hält sich allenfalls im Mittelfeld der Bundesliga, während der kleinere, aber ungemein populäre FC St. Pauli zwar zwischen erster und zweiter Liga schwankt, aber den Konkurrenten, die draußen am Volkspark in einem viel zu großen Stadion kicken, am Millerntor Fußball zum Anfassen vorexerziert. Der »Millerntor-Roar« ist inzwischen in der ganzen Bundesliga bekannt und gefürchtet.

Viele Zuschauer zieht es, seit Boris Becker und Steffi Graf den Sport populär gemacht haben, inzwischen zum Tennis. Bei gutem Wetter sind die Internationalen Deutschen Tennismeisterschaften am Rothenbaum eine weitaus größere Attraktion als etwa das HSV-Heimspiel gegen irgendeine Mittelklassemannschaft. Mindestens ebenso viele Zuschauer drängeln sich beim Deutschen Derby auf der Galopprennbahn in Hamburg-Horn, wo die Damen gewagte Hutkreationen vorführen und die Herren mit gezücktem Stift die Quoten notieren. Da Hamburg eine gewisse Dichte an Einkommens- und Umsatzmillionären aufweist, sind auch die ganz exklusiven Sportarten wie selbstverständlich vertreten. Eine oder auch zwei Segelyachten gehören in bestimmten Kreisen beinahe schon zum guten Ton, der Golfschläger und die Clubkarte des vornehmen Vereins am Falkenstein sowieso, und wirklich auffallen kann man selbst mit eigenen Polopferden nur in Maßen.

Hamburg ist auch und nicht zuletzt die »deutsche Medien-

Das Wahrzeichen der Stadt, der Turm der St. Michaeliskirche, kurz »Michel« genannt. 449 Stufen führen nach oben

hauptstadt«. Der »Spiegel« erscheint hier, der »Stern«, die »Zeit«, die »Bild-Zeitung«, Verlage wie Gruner und Jahr, Springer, Bauer oder der Jahreszeiten-Verlag haben hier ihren Sitz, auch die Buchverlage Hoffmann und Campe sowie Rowohlt draußen im Vorort Reinbek. Der Norddeutsche Rundfunk unterhält ein Funk- und ein Fernsehhaus, in dem unter anderem die Redaktionen von Tagesschau und Tagesthemen zu Hause sind. Im privatwirtschaftlich geführten »Studio Hamburg« entstehen aufwendige Serienproduktionen. Die Medienbranche ist in Hamburg ganz gern zu Hause, was den Umstand erklärt, daß kein einziges der ansässigen Verlagshäuser auch nur ansatzweise darüber nachdenken würde, seinen Sitz in die neue Hauptstadt Berlin zu verlagern.

Es blüht der Medienklatsch, die üblichen journalistischen Bosheiten werden ausgetauscht, und manchmal, wenn es in irgendeiner Hamburger Kneipe wieder eine abendliche Zusammenkunft gegeben hat, erlebt der Rest der Republik staunend, daß drei führende Blätter des Landes in trauter Gemeinsamkeit in ein und derselben Woche über ein und dasselbe Thema berichten.

In Hamburg trägt man gar nicht so sehr die Nase, sondern vielmehr den Kopf recht hoch. Der Grund dafür ist in der Geschichte des Stadtstaates zu suchen.

Hier hat es seit mehr als fünfhundert Jahren keine Fürsten und auch sonst keine Herrscher gegeben – praktisch von 1400 an agierte man selbstbewußt zu Wasser und zu Land als Freie Reichs- und Hansestadt. Zuvor hatten die von Ludwig dem Frommen um 831 begründete Siedlung »Hammaburg« sowie die später errichtete »Neue Burg« meist unter dänischer oder holsteinischer Herrschaft gestanden. Viele heutige Stadtteile wie Niendorf, Ottensen und die Elbvororte gehörten bis weit in das 19. Jahrhundert hinein zur Grafschaft Holstein und damit zum dänischen Königshaus. Die komplizierte Erbfolge führte zu äußerst verwickelten Verhältnissen, was sich allein daran ablesen ließ, daß ein Teil der Hamburger Pastoren, soweit er zur Hamburgischen Landeskirche gehörte, ein weißes Mühlrad um den Hals trug, der andere Teil, der zur preußischen

Kirche gehörte, dagegen ein weißes Beffchen.

Frühzeitig und vorausschauend betrieben die Hamburger eine geschickte Bündnispolitik, ohne sich jedoch nach irgendeiner Seite festzulegen. Mit Lübeck schlossen sie schon 1241 ein Abkommen über die Handelswege zwischen Nord- und Ostsee. Zwischen dem 13. und dem 15. Jahrhundert spielte Hamburg eine wichtige Rolle unter den Hansestädten, und nach dem Zerfall der Hanse entwickelte es sich bald zu einer Drehscheibe Nordeuropas. Große Festungsmauern wurden zwischen 1615 und 1626 errichtet, was dazu beitrug, daß die Stadt den Dreißigjährigen Krieg einigermaßen unbeschadet überstand. Nur ein einziges Mal gerieten die Hamburger etwas tiefer in den Strudel der Politik, als französische Truppen am 19. November 1806 die Stadt besetzten. Napoleon verhängte eine Elbblockade, später sogar eine Kontinentalsperre, und das war für die Hamburger Handelswirtschaft fatal. Die bis heute bejammerte »Franzosenzeit« endete am 30. Mai 1814; sie war in jeder Hinsicht ein dunkler Punkt der Stadtgeschichte.

Von großer Wichtigkeit war für die Hamburger Kaufleute stets die Zollfreiheit ihres Hafens; für den neuen Freihafen ließen sie 1888 sogar ein ganzes Wohnviertel mit 24 000 Einwohnern flachlegen. Es entstand die Speicherstadt, die bis heute Zollausland geblieben ist und zu den bedeutendsten Hamburger Baudenkmälern gehört, was den Senat nicht daran hindert, über ihren Verkauf nachzudenken.

Zwei einschneidende Ereignisse im 19. Jahrhundert formten das heutige Hamburg: es waren der Große Brand von 1842 und die Choleraepidemie von 1892. Zwischen dem 5. und dem 8. Mai 1842 fiel praktisch die gesamte Hamburger Altstadt einer Feuersbrunst zum Opfer. Ein Drittel aller Häuser Hamburgs wurde zerstört. Im Haus Nummer 42 in der Deichstraße begann das Inferno und breitete sich rasch aus. Der Schriftsteller Edgar Maass hat es beschrieben: »Von Speicher zu Speicher sprangen die Flammen, und überall fanden sie frische Nahrung. Das Feuer war nicht wählerisch. Hier steckte es sich hundert Fässer Smyrna-Rosinen in den glühenden Rachen, dort unter sprühendem Knacken zwei Millionen Pfund Kaffeebohnen. Hundert Kisten Souchon-Tee verschlang es mit demselben Genuß wie dreihundertvierzig Sack Pfeffer. Dazu rauchte es ungeheure Mengen Tabak. Vierhundert Fässer Kentucky waren das Werk von fünf Minuten. Aber erregt wurde es erst und tanzte wie ein heulender Derwisch, als es an die Weinvorräte ging. Achttausend Oxhoft Wein gingen in einer einzigen gigantischen Flamme in die Luft, die spielend das Dach des Speichers abhob, und die Bouteillen edler Weine sausten wie Granaten in die Höhe und zerschellten an den brennenden Mauern.«

Heinrich Heine, der große Spötter, kam nach dem Brand zu Besuch und dichtete tröstende Worte: »Aufmunternd sprach ich: Ihr lieben Leut, ihr müßt nicht jammern und flennen,

Troja war eine bessere Stadt, und mußte doch verbrennen. Baut eure Häuser wieder auf und trocknet eure Pfützen, und schafft euch beßre Gesetze an und beßre Feuerspritzen.«

Das taten die Hamburger dann auch, und nicht nur das: Sie ließen sich von dem englischen Ingenieur William Lindley eine öffentliche Wasserversorgung und ein Kanalisationssystem bauen, welches nicht nur das erste, sondern lange Zeit auch das fortschrittlichste auf deutschem Boden war. Breite Straßen wurden angelegt, öffentliche Flächen gestaltet, das Ergebnis läßt sich heute noch rund um die Binnenalster und den Rathausmarkt bewundern. Was vom Mittelalter noch übriggeblieben war, fiel der Spitzhacke zum Opfer. Die Fachwerkhäuser in den engen Gängevierteln der Innenstadt wurden nach dem Ausbruch der Cholera im Jahre 1892, bei der rund zehntausend Menschen ums Leben kamen, Zug um Zug abgerissen.

Es war nicht nur reine Menschenfreundlichkeit, die den Senat so handeln ließ. In den engen Häuserzeilen, mit Hinterhöfen dicht an dicht, gärte und brodelte es bedrohlich. Bis in die dreißiger Jahre des 20. Jahrhunderts hinein kam es hier immer wieder zu Unruhen, und die Kommunisten hatten regen Zulauf. Ehe das letzte Gängeviertel am Großneumarkt niedergerissen wurde, galt es als Aufruhrherd und permanent im »Zustand des latenten Bürgerkriegs«. Heute hat diese Funktion die bundesweit bekannte Hafenstraße übernommen – wenn man so will, ein Stück sozialer Kontinuität, auch wenn die Hafenrandbewohner inzwischen recht friedlich geworden sind und sogar von einflußreichen Hamburgern unterstützt werden.

Nur an wenigen Stellen findet der Besucher Überreste der alten Gassen, die inzwischen puppenstubenartig herausgeputzt sind. Als Ganzes bietet Hamburg da-

Nicht zu schlagen: Winterspaziergang auf der zugefrorenen Alster – allerdings nur in sehr kalten Wintern möglich

her den Anblick einer planvoll angelegten, von Grün durchzogenen Stadt, deren Häuser, sofern sie nicht nach dem Zweiten Weltkrieg gebaut wurden, großenteils aus der Gründerzeit stammen, dem Jugendstil angehören oder dem sozialen Wohnungsbau der zwanziger Jahre mit seiner typischen Backsteinarchitektur. Wo es Wunden gibt in der Stadtbebauung, häßliche, falsch dimensionierte Schneisen und überproportionierte Baukörper, da sind sie fast immer die Folge von Zerstörungen, die Hamburg während des Zweiten Weltkriegs erlebte. Zwischen 1943 und 1945 wurden fünfzig Prozent aller Wohnungen und achtzig Prozent der Hafenanlagen zerbombt, fanden 55 000 Menschen den Tod. Daß der Wiederaufbau überhaupt und dann auch noch in so kurzer Zeit gelang, erklärt einige Ungereimtheiten der neueren Hamburger Stadtplanung.

Natürlich denkt jeder Hamburgbesucher an den Hafen, an die Reeperbahn, und wer den Turm des Michels am Hafen besteigt, verschafft sich sicherlich den besten Überblick über das gesamte Stadtgebiet, den es, abgesehen vom Fernsehturm, in ganz Hamburg gibt. Aber es lohnt sich auch, die Gegend rund um die Außenalster zu erkunden. Sie gilt mit Recht als die lieblichere Wasserseite der Stadt, dicht gesäumt von Parks und unerschwinglich teuren Villengrundstücken. Eine Fahrt mit dem Alsterdampfer gehört zum Pflichtprogramm jedes Hamburgbesuchs, und wer an der Schönen Aussicht vorbei und unter der Krugkoppelbrücke hindurchschippert, der sollte eine stille Gedenkminute für den Dichter Friedrich von Hagedorn einlegen, der am liebsten linker Hand im Eichenpark saß und reimte: »Befördrer vieler Lustbarkeiten, Du angenehmer Alster-Fluß! Du mehrest Hamburgs Seltenheiten und ihren fröhlichen Genuß. Der Elbe Schiff-Fahrt macht uns reicher: die Alster lehrt gesellig seyn! Durch jene füllen sich die Speicher; auf dieser schmeckt der fremde Wein. Ertönt, ihr scherzenden Gesänge, aus unserm Lust-Schiff an den Strand! Den steifen Ernst, das Wort-Gepränge, verweist die Alster auf

Idyll in der Stadtmitte: Die Alsterdampfer fahren durch die Wohnviertel

Einst verträumtes Fischerdorf, heute ruhiger Nobelvorort. Unverändert wunderschön: Blankenese

das Land. Hier lärmt, in Nächten voll Vergnügen, der Paukenschlag, des Waldhorns Schall; hier wirkt, bey Wein und süßen Zügen, die rege Freyheit überall.«

Wer so schlau ist, noch etwas mehr Zeit mitzubringen, kann Abstecher an die Elbchaussee und nach Blankenese machen oder nach Bergedorf und in den Sachsenwald fahren, die sogenannten »Walddörfer« besichtigen oder dem Alsterlauf flußaufwärts folgen.

Hamburg besteht nicht nur aus dem Ohnsorg-Theater, dem »Cats«-Musical oder dem »Phantom der Oper«. Hamburg besteht vor allem aus, man glaubt es kaum, 84 höchst verschiedenen Stadtteilen, und wenn man den Bezirk Harburg dazurechnet, was die meisten Hamburger nur widerwillig tun, dann sind es sogar 102. Jeder Stadtteil hat ein anderes Gesicht, eine andere Struktur, eine andere Stimmung. Man muß es erlebt haben, wenn ein Bewohner der Langen Reihe mit einem Bewohner der Eppendorfer Landstraße über die Vorzüge seines Wohnviertels streitet. In Hamburg legt man viel Wert auf »die Adresse«. Deshalb trauern auch viele den alten Postleitzahlen nach, mit denen man, wenn man konnte, so wunderbar und äußerst elegant angeben konnte.

Einige Viertel wie das bekannt-verschrieene Pöseldorf oder das snobistische Harvestehude haben bereits einen Prozeß hinter sich, der mit dem englischen Begriff *gentrification* umschrieben wird und jedenfalls zu steigenden Mieten, Verdrängung alteingesessener Geschäfte, knappem Parkraum und einer insgesamt deutlich erhöhten Bestandsdichte an englischen Sportwagen führt.

Andere Viertel wie Altona, St. Pauli oder Ottensen werden gerade »entdeckt«, und das nicht unbedingt von Touristen, sondern von einer ganzen Reihe überaktiver Immobilienmakler, die in Hamburg wie in jeder anderen Großstadt nicht immer zum Wohle der Allgemeinheit wirken. Wieder andere Viertel, wie etwa Hammerbrook, Wandsbek, Veddel oder Rothenburgsort, gelten geradezu als *no go area*, was in dieser Form zweifellos ungerechtfertigt ist. Die Grenzen in einer Millionenstadt wie Hamburg sind fließend und doch, auf erstaunliche Art und Weise, über Jahrzehnte oder Jahrhunderte hinweg stabil.

Wie läßt sich eine Stadt in wenige Worte fassen? Wolfgang Borchert, der früh verstorbene Dichter, hat es mit dem Pathos des Kriegsheimkehrers versucht: »Hamburg! Das ist mehr als ein Haufen Steine, Dächer, Fenster, Tapeten, Betten, Straßen, Brükken und Laternen, das ist mehr als Fabrikschornsteine und Autohupen – mehr als Mövengelächter, Straßengeschrei und das Donnern der Eisenbahnen – das ist mehr als Schiffssirenen, kreischende Kräne, Flüche und Tanzmusik – oh, das ist unendlich viel mehr. Das ist unser Wille, zu sein. Nicht irgendwo und irgendwie zu sein, sondern hier und nur hier zwischen Alsterbach und Elbestrom zu sein – und nur so zu sein, wie wir sind, wir in Hamburg.«

Man muß nicht unbedingt sentimental veranlagt sein, aber mit dem Schiff von der Elbmündung langsam stromaufwärts nach Hamburg zu kommen, vielleicht mit der Englandfähre, vielleicht sogar von weiter her, und dann zu hören, wie die kitschig-krächzende »Schiffsbegrüßungsanlage« am Willkommhöft in Schulau losscheppert: »Stadt Hamburg an der Elbe Auen, wie bist du stattlich anzuschauen mit deiner Türme Hochgestalt und deiner Schiffe Mastenwald!« – das rührt nicht nur den Seemann. Selbst der wegen seiner spitzen Zunge damals aus der DDR ausgewiesene Sänger Wolf Biermann, der sich in Hamburg niedergelassen hat, singt ein ganz und gar unpolitisches Liebeslied auf die Stadt und ihre Reize: »Bei Hamburg riecht der Elbefluß schon sehr verführerisch, nach Nordsee und nach Engelland, nach Teer und Hochseefisch. Da weht der herbe Wind vom Meer, der so das Fernweh reizt, dort, wo die Elbe von Natur, die strammen Schenkel spreizt, liegt Hamburgs Hafen, herrlich breit, ein toller Liebesgarten, wo Tanker ankern, sich entleern und fülln für neue Fahrten.« Von Johannes Brahms bis Georg Philipp Telemann,

Schon Napoleon ärgerte sich über diese »verdammt britische« Stadt

Wenn die Hamburger einen Tick haben, und zwar einen mittelschweren, so ist es ihre Vorliebe für alles, was aus England stammt. Die Anglophilie nimmt zuweilen befremdliche Züge an; in bestimmten Kreisen wird allen Ernstes mit Hingabe diskutiert, was als »non u«, also »non upperclass«, zu werten sei und was nicht. Auch gibt es sicherlich kaum eine vornehmere Einladung als die in den »Anglo-German-Club«. Aber zur Ehrenrettung Hamburgs sei gesagt: Schon in Barmbek gilt das nicht mehr allzuviel, und den Bewohnern von Ottensen ist das Gehabe an der s-tinkvornehmen Elbchaussee relativ gleichgültig.

von Matthias Claudius bis Carl von Ossietzky, von Gotthold Ephraim Lessing bis Detlev von Liliencron, von Ernst Thälmann bis Helmut Schmidt hat Hamburg sehr viele und sehr unterschiedliche Berühmtheiten hervorgebracht oder beherbergt. Den meisten von ihnen ging es wie dem Schweizer Komponisten Rolf Liebermann, der die Hamburgische Staatsoper in den sechziger Jahren zu ihrer heutigen Bedeutung geführt hat: »Ich ertappe mich immer wieder dabei, daß ich Hamburg meine, wenn ich von Deutschland rede.« Hamburg ist nicht Tokio, Hamburg ist nicht London, Hamburg ist nicht Köln, und Hamburg ist nicht München. Letzteres schon gar nicht. Hamburg ist die Stadt mit den meisten Brücken auf der ganzen Welt (es sind genau 2123, mehr als selbst in Amsterdam oder Venedig). Hamburg ist die einzige Stadt Deutschlands, in der man mitten in der City segeln kann. Hamburg hat die beste Luft aller bekannten Großstädte, und Hamburg besitzt den größten Friedhof Europas. Wenn Sie nach Hamburg kommen und etwas mehr Zeit mitbringen, besuchen Sie ruhig den Ohlsdorfer Friedhof. Er ist gleichzeitig der größte Park der Stadt, und es ist da allerhand los. Und wenn gerade eine Beerdigung stattfindet, dann kann es passieren, daß vom Tonband dazu ein Lied ertönt. Geschrieben hat es Helmut Käutner, gesungen hat es der große Hans Albers. An dieser Stelle soll deshalb der gesamte Wortlaut stehen, weil dieses Lied, wenn auch auf kitschige Art und Weise, doch wie kein anderes die Stimmung der Stadt einfängt:

»Ein Wind weht von Süd und zieht mich hinaus auf See. Mein Kind, sei nicht traurig, tut auch der Abschied weh. Mein Herz geht an Bord und fort muß die Reise gehn. Mein Schmerz wird vergehn und schön wird das Wiedersehn. Mich trägt die Sehnsucht fort in die blaue Ferne. Unter mir Meer und über mir Nacht und Sterne. Vor mir die Welt. So treibt mich der Wind des Lebens. Wein nicht mein Kind. Die Tränen, die sind vergebens. Auf Matrosen, ohe! Einmal muß es vorbei sein. Nur Erinnerung an Stunden der Liebe bleibt noch an Land zurück. Seemanns Braut ist die See, und nur ihr kann er treu sein. Wenn der Sturmwind sein Lied singt, dann winkt mir der großen Freiheit Glück. Wie blau ist das Meer. Wie groß kann der Himmel sein. Ich schau' hoch vom Mastkorb weit in die Welt hinein. Nach vorn geht mein Blick. Zurück darf kein Seemann schauen. Kap Hoorn liegt auf Lee. Jetzt heißt es auf Gott vertrauen. Seemann, die Wacht, den Strahl doch als Gruß des Friedens. Hell durch die Nacht das leuchtende Kreuz des Südens. Schroff ist ein Riff, und schnell geht ein Schiff zugrunde. Früh oder spät schlägt jedem von uns die Stunde. Auf Matrosen, ohe! Einmal muß es vorbei sein. Einmal holt uns die See. Und das Meer gibt keinen von uns zurück. Seemanns Braut ist die See, und nur ihr kann er treu sein. Wenn der Sturmwind sein Lied singt, dann winkt mir der großen Freiheit Glück. La Paloma ade! Ohe! Auf Matrosen! Ade! Ade!«

MANPOWER
MANPOWER

Was schauen wir an?

Entdecken Sie die schönsten und skurrilsten Ecken der Stadt mit dem Schiff, dem Bus oder der Bahn

Die angenehmste Art, Hamburg kennenzulernen, ist die vom Schiff aus. Halbstündlich geht es von den St.-Pauli-Landungsbrücken zur Hafenrundfahrt; zwischen April und Oktober verkehren die Alsterschiffe regelmäßig vom Jungfernstieg aus. Wenn Sie es irgendwie einrichten können: Mieten Sie sich bei gutem Wetter ein Segel-, Ruder-, Paddel- oder Tretboot, und fahren Sie ganz in Ruhe die Kanäle um die Alster ab. Sightseeing von der Straße aus ist ebenfalls möglich: Alle zwei Stunden zuckelt eine speziell für Touristen eingerichtete »Hummelbahn« vom Hauptbahnhof durch Innenstadt und St. Pauli.

Wenn Sie auf eigene Faust losziehen: Lassen Sie das Auto stehen. Überall dort, wo es interessant ist, finden Sie ohnehin keinen Parkplatz. Falschparker werden unnachsichtig mit Tikkets traktiert, deren Gebühren vor kurzem empfindlich angehoben wurden. Auch mit dem Abschleppen ist die Polizei nicht zimperlich. Kaufen Sie eine Tageskarte des Hamburger Verkehrsverbundes oder die »Hamburg-Card« mit ihren vielen Vergünstigungen, und Sie können das riesige Streckennetz von U-Bahn, S-Bahn und Bussen kreuz und quer befahren, bis nach Schleswig-Holstein und Niedersachsen. Hamburgs Attraktionen liegen verstreut, aber sind nicht schwer zu finden.

Im Sommer herrscht zwischen Fleet und Rathaus buntes Treiben

BAUTEN

Alte Post **(F 4)**
Man wähnt sich in Florenz. Der Architekt Alexis de Châteauneuf hat das durchaus beabsichtigt, als er das Postgebäude in der Mitte des vorigen Jahrhunderts baute. Heute Eingang zum Passagenviertel. *Poststraße 11, S1, S2, S3, U1, U2 Jungfernstieg*

Alter Elbtunnel **(C 6)**
Galt bei seiner Eröffnung 1911 als technisches Wunderwerk und ist bis heute in Betrieb.

Personen werden gratis, Autos gegen Gebühr mit dem Fahrstuhl nach unten und unter der Elbe durch nach Steinwerder transportiert. *Mo–Fr 5.30–21 Uhr, Sa 5.30–16.30 Uhr, So nur für Fußgänger und Radfahrer geöffnet, 5–21 Uhr, S 1, S 2, S 3, U 3 Landungsbrücken*

Altonaer Rathaus **(O)**
Das monumentale Bauwerk ist Ausdruck der alten Konkurrenz zwischen Hamburg und Altona. Bis zur Eingemeindung im Jahre 1937 war es Sitz der selbständigen Stadtregierung. *Platz der Republik 1, S 1, S 2, S 3, S 11, S 31 Altona*

Bahnhof Altona **(O)**
Nicht der Rede wert. Oder doch: eine Schande. Bundesbahn versteckt sich hinter Kaufhaus. *Museumsstraße 39, alle Intercitys und ICEs, S 1, S 2, S 3, S 11, S 31 Altona*

Bahnhof Dammtor **(F 2)**
Kleiner, feiner, eleganter als der Hauptbahnhof, für viel Geld restauriert. Gleich nebenan die Messehallen und das schlanke Radisson-Hotel. *Alle Intercitys und ICEs, S 11, S 21, S 31*

Baumwall **(E 6)**
Mit wunderschönem Blick auf den Hafen hat sich hier der Verlag Gruner und Jahr ein Riesending hingesetzt. Weil der Blick so wunderschön ist, darf ihn außer dem Vorstand keiner richtig genießen, damit es keinen Streit gibt. *U3 Baumwall*

Bischofsturm **(G 5)**
Statt nach oben geht es nach unten: Ansammlung von Felsgestein, um 1040 auf Wunsch des Erzbischofs Bezelin Alebrand in die Landschaft gestellt. »Urzelle hamburgischer Geschichte«. *Mo–Fr 10–13 und 15–17 Uhr, Sa 10–13 Uhr, Speersort 10, U3 Rathaus*

Bismarck-Denkmal **(D 5)**
Martialisch erhebt sich der Reichskanzler auf einem Geestrücken über die Stadt und kehrt ihr den Rücken zu. Ein Erbe der Kolonialzeit. *Elbpark am Millerntor, U3 St. Pauli*

Bismarck-Museum **(O)**
Pilgerstätte für alle Anhänger des »Eisernen Otto«, 2 Min Fußweg zum Mausoleum. *April–Okt. Di–So 9–18 Uhr, Mo 14–18 Uhr, Nov.–März Di–So 9–16 Uhr, S 21 Aumühle, Friedrichsruh*

Börse **(F 5)**
Mindestens ebenso wichtig, wenn nicht wichtiger als das Rathaus. Wer Silvester nichts Besseres vorhat, kann gegen Eintrittskarte an der »Versammlung eines ehrbaren Kaufmanns zu Hamburg e. V.« teilnehmen. Den Rest des Jahres ist die Börse Ort diverser Geschäfte. *Mo–Do 11 Uhr Führungen mit Filminformation, Adolphsplatz 1, Tel. 361 30 20, U3 Rathaus*

Das Chilehaus. Architektonische Glanzleistung von Fritz Höger

MARCO POLO TIPS FÜR BESICHTIGUNGEN

1 **Alsterarkaden**
Italienisch anmutender Arkadengang gegenüber vom Rathausmarkt (Seite 29)

2 **Blankeneser Treppenviertel**
Malerische Treppenwege durch das ehemalige Fischerdorf am Elbhang. Heute feiner Vorort (Seite 32)

3 **Hafen**
Statt Seefahrerromantik früherer Tage heute ein moderner Umschlagplatz für Containerschiffe, Großtanker und Superfrachter.
Der Reiz ist geblieben (Seite 25)

4 **Harvestehude**
Sonntagsnachmittag-Spaziergang (Seite 33)

5 **Jungfernstieg**
Einkaufsmeile für alles, was gut und teuer ist (Seite 36)

6 **Michel**
Wahrzeichen der Stadt. Der Ausblick lohnt die 449 Stufen. Fahrstuhl vorhanden (Seite 23)

7 **Övelgönne**
Kleine Fischerhäuser am Elbhang (Seite 34)

8 **Ohlsdorfer Friedhof**
Zweitgrößter Friedhof der Welt. Schöne Parkanlage (Seite 29)

9 **Passagenviertel**
Jede Passage hat ihre eigene Atmosphäre (Seite 29)

10 **Speicherstadt**
Neugotische Backsteinfassaden im Freihafen. Auf 373 000 m^2 werden Importwaren fachgerecht gelagert, weiterverarbeitet und veredelt (Seite 24)

Chilehaus **(H 5)**
Expressionistisches Backsteingemäuer mit schiffsbugartig zulaufender Spitze, aufwendig erneuert, nachts dezent beleuchtet. Hauptwerk des Architekten Fritz Höger, auch »Klinkerfürst von Hamburg« genannt. *Burchardplatz, U1 Meßberg*

Cremon und Deichstraße **(F 6)**
Letzte Überreste des alten Speicherviertels. In der Deichstraße 42 brach der große Brand von 1842 aus. Heute beherbergt die Straße mehrere Lokale. *Am Nikolaifleet, U3 Rödingsmarkt*

Dulsbergsiedlung **(O)**
Beispiel für den Hamburger sozialen Wohnungsbau der zwanziger Jahre, von Fritz Schumacher geplant. Galt als vorbildliche Siedlung, trotz Zerstörung im Zweiten Weltkrieg wurde sie weitgehend originalgetreu wieder aufgebaut. *U1 Straßburger Straße, Alter Teichweg*

Fernsehturm **(D 1)**
Mit Abstand höchster Turm der Hansestadt. Von der Restau-

rantkanzel in 130 Meter Höhe hat man alles voll im Blick. *Panorama-Restaurant, tgl. 12–23 Uhr, Rentzelstraße, S 11, S 21, S 31, U3 Sternschanze*

Fischauktionshalle **(A 6)**
Für die stolze Summe von sieben Millionen Mark restauriertes Gebäude am Hafen. Dient zu Veranstaltungszwecken. Leider etwas zugig, und auch das Toilettenproblem ist noch nicht endgültig gelöst. *Fischmarkt, S 1, S 2, S 3 Königstraße, Reeperbahn, Landungsbrücken*

Grindelhochhäuser **(O)**
Nach dem Zweiten Weltkrieg errichtete, älteste Wohnhochhaussiedlung Deutschlands. Die Anlage galt damals als Nonplusultra der Moderne und wirkt heute etwas angestaubt. *Grindelberg, U3 Hoheluftbrücke*

Hauptbahnhof **(I 4)**
Angeblich hat Wilhelm II. bei der Gestaltung dieses Monuments seine Finger mit im Spiel gehabt, und das sieht man dem Bahnhof auch an: wilhelminisch durch und durch. Die neuerrichtete Wandelhalle an der Nordseite freilich ähnelt schon wieder einem postmodernen Einkaufszentrum.

Dennoch: ein schöner Ort, um anzukommen oder abzureisen. Verwirrend: die Zahl der Ausgänge. Wenn Sie sich verabreden, seien Sie präzise, sonst wird das nichts. *Alle Intercitys, ICEs, S- und U-Bahnlinien*

Jacobikirche **(H 4)**
Seit 1355 ständig umgestalteter Kirchenbau. Im Inneren eine berühmte Arp-Schnitger-Orgel aus dem 17. Jahrhundert. Seit ihrer aufwendigen Renovierung finden wieder Konzerte statt. *Mo bis Sa 10–17 Uhr, Steinstraße, U3 Mönckebergstraße*

Jarrestadt **(O)**
Geschlossenes städtebauliches Ensemble aus der Zeit der Weimarer Republik. Hamburgs wichtigster architektonischer Beitrag zur Moderne. *U3 Saarlandstraße*

Köhlbrandbrücke **(O)**
Vier Kilometer lang in kühnem Schwung über die Süderelbe. Am schönsten zu sehen vom »Altonaer Balkon« (südlich vom Altonaer Rathaus). Für Radfahrer und Fußgänger wegen Schwindelgefahr gesperrt. Ausnahme: während des Hafengeburtstages. *Bundesautobahn A7, Anschlußstelle Waltershof*

Landungsbrücken **(C 6)**
Putzige Sandsteinarchitektur aus der deutschen Kolonialzeit. Vor kurzem sandgestrahlt. Ausgangspunkt für sämtliche Hafenrundfahrten. Entsprechend groß ist das touristische Getümmel. Die große Turmuhr nennt nicht nur die Uhrzeit, sondern auch den Pegelstand der Elbe. Schwarze Ziffern zeigen die Höhe in Dezimetern über, rote Ziffern die Höhe in Dezimetern unter dem normalen Niedrigwasser an. *S 1, S 2, S 3, U3 Landungsbrücken*

Lombardsbrücke,
Kennedybrücke **(G 3)**
Trennen die Binnen- von der Außenalster. Ständig durch Autos verstopft. Am besten zu Fuß zu unterqueren. *Alle S- und U-Bahnlinien Hauptbahnhof*

Die Landungsbrücken, das Herz des Hafens. Liegeplatz für Schlepper, Bugsierer und Barkassen. »Muß« für jeden Hamburgbesucher

Michaeliskirche **(E 5)**
★ Gemeinhin »Michel« genannt. Obwohl die jüngste unter Hamburgs fünf Hauptkirchen, ist ihr Turm, der 132 m hohe »Michel«, das Wahrzeichen der Stadt. Mehrfach niedergebrannt und immer wieder getreulich aufgebaut. Nach der letzten Reparatur bietet der Turm ein für Hamburger Augen ungewohntes Bild: Der Kupferverkleidung fehlt der Grünspan. Größte Turmuhr Deutschlands. Durchmesser des Zifferblatts: 8 Meter, Länge des Minutenzeigers: 4,91 Meter, die Ziffern sind 1,35 Meter hoch.

Prächtiger Rundblick auf Stadt und Hafen vom Turm.

»Turmblasen« jeden Tag um 10 und um 21 Uhr.

Öffnungszeiten: Kirche: April bis Sept. Mo–Sa 9–18 Uhr, So 11.30 bis 17.30 Uhr, Okt.–März Mo–Sa 10–17 Uhr, So 11.30–17 Uhr.

Gruft: April–Sept. Mo–Sa 11–17 Uhr, So 11.30–17 Uhr, Okt.–März nur Fr, Sa, So.

Im Turm: Multivisionsschau zur Geschichte Hamburgs, tgl. 12.30, 13.30, 14.30, 15.30 Uhr, Eintritt 5 Mark. Krayenkamp 4c, U3 Rödingsmarkt, Baumwall

Nikolaikirche **(F 5)**
Nach dem Vorbild des Ulmer Münsters und des Kölner Doms errichtet. Im Zweiten Weltkrieg zerstört und bis heute Ruinenmahnmal. Nach dem Willen der Satdtplaner soll sich dieser Zustand bald ändern. Weinkeller und Weinmuseum unter dem ehemaligen Kreuzgewölbe. *Tgl. 8–18 Uhr, Ost-West-Straße/Hopfenmarkt, U3 Rödingsmarkt*

Petrikirche **(G 4)**
1220 errichtet als älteste Kirche der Stadt. 1842 niedergebrannt und wieder aufgebaut. Der bronzene Türzieher in Form eines Löwenkopfes gilt als eines der ältesten Hamburger Kunstwerke. *Mo–Fr 9–18 Uhr, Sa 9–17 Uhr, So 9–12, 13–20 Uhr, Speersort 10, U3 Rathaus*

Planetarium **(O)**
Monumentaler Backsteinbau von 1912, ursprünglich als Wasserturm errichtet. Wechselnde astronomische Vorführungen und Ausstellungen. *Programm: Tel. 514 98 50. Bus 179 und 118*

Rathaus **(G 4)**
Hanseatischer geht es nicht mehr. Falls Sie den Kopf recken, um die goldenen Buchstaben zu lesen: Sie sind lateinisch und lauten *LIBERTATEM QUAM PEPERERE – MAIORES DIGNE STUDEAT – SERVARE POSTERITAS*, was übersetzt so viel bedeutet, daß die Nachkommen die Freiheit erhalten mögen, die ihre Väter erwarben. Hoch geht es alljährlich am 24. Februar her, wenn das *Matthiae-Mahl* zelebriert wird – eine Veranstaltung, die seit 1356 stattfindet, bei der ausschließlich »Hamburg freundlich gesonnene« Gäste eingeladen werden, was der Hansestadt schon viel Nutzen eingebracht hat. Bei dieser Gelegenheit wird dann auch das Tafelsilber hervorgeholt. Das Hamburger Rathaus ist nicht so alt, wie es aussieht. Nach dem großen Brand von 1842, bei dem das alte Rathaus dran glauben mußte, wurde ein Wettbewerb ausgeschrieben, der sich unendlich lange hinzog, bis das neue Rathaus endlich am 26. Oktober 1897 eingeweiht werden konnte. Das Gebäude ist auf etwa 4000 Rammpfählen errichtet worden, denn der Alstermarschboden konnte den 70 m breiten und 111 m langen Bau zunächst nicht tragen. Das Rathaus sieht auch von innen sehr repräsentativ aus. Rechts sitzt der Senat, links die Bürgerschaft. In der Mitte läßt sich bei Gelegenheit der Bürgermeister sehen. Man kann ihn aber auch zu Fuß auf dem Rathausmarkt anfinden, sofern da irgend etwas gefeiert wird, was im Sommer ungeachtet des Wetters eigentlich immer der Fall ist.

Unten im Rathaus ist ein Weinkeller untergebracht, der auch gutbürgerliche Küche bietet. *Besichtigungen Mo–Do 10 bis 15 Uhr, Fr, Sa, So 10–13 Uhr, halbstündliche Führungen (nicht während der Senatssitzungen und bei Staatsbesuchen), Info-Band, Tel. 36 81 24 70. Rathausmarkt, U3 Rathaus, S 1, S 2, S 3, U1, U2 Jungfernstieg*

Speicherstadt **(F–G 6)**
★ Neugotische Backsteinfassaden verbergen des Kaufmanns gesammelte Schätze. Neben Gewürzen, Kaffee, Tee und Rum vor allem das größte Teppichlager der Welt. Da die Speicherstadt zum Zollausschlußgebiet des Freihafens gehört, muß beim Verlassen mit Zollkontrollen gerechnet werden. Über die Zukunft des eigenartigen Ensembles wird gestritten; der Senat möchte hier edlen Wohnraum schaffen, die Quartiersleute samt Consorten möchten lieber so weitermachen wie seit über hundert Jahren. *Fleetrundfahrt, 2 Std., April–Okt. tgl. 10.45, 13.45 und 16.45 Uhr, Abfahrt: Anleger Jungfernstieg. S 1, S 2, S 3, U 1, U 2 Jungfernstieg*

St. Annen 1 **(G 6)**
Hier sitzt die staatliche »Hamburger Hafen- und Lagerhaus-Aktiengesellschaft« HHLA hinter Türmchen, Erkerchen und Giebelchen und überlegt, ob sie die Speicherstadt verkaufen soll. *U1 Meßberg*

Nach wie vor als Lagerplatz genutzt: die alte Speicherstadt

Steinstraße, Ecke Klosterwall (15)
Hamburgs häßlichste Hochhäuser. Gibt es eigentlich keine Sprengmeister mehr? *U1 Steinstraße*

HAFEN

★ Ohne seinen Hafen wäre Hamburg nur eine Stadt unter vielen. So aber nennt es sich stolz Deutschlands »Tor zur Welt«. Mehr als 15 000 Schiffe löschen hier pro Jahr ihre Ladung oder nehmen Waren auf, die in über 1000 verschiedene Häfen der Welt verschifft werden. Das gesamte Hafengebiet umfaßt heute 87 Quadratkilometer, einschließlich der Wasserflächen, und ist damit größer als die Nordseeinsel Sylt. Auf 235 Kilometer Uferlänge werden jährlich mehr als 60 Millionen Tonnen Güter umgeschlagen. Und trotz aller Rationalisierungen ist der Hafen immer noch Hamburgs größter Arbeitgeber:

140 000 Beschäftigte leben direkt oder indirekt vom Geschäft mit den Schiffen. Seit der Öffnung des Ostens wird ein neuer Aufschwung prophezeit.

Der Hamburger Hafen ist ein sogenannter »offener Tidehafen«. Die Zufahrt wird nicht durch Schleusen reguliert, und so macht sich der Unterschied von Ebbe und Flut, eben die Tide, bis nach Hamburg hinein bemerkbar. Unterschied: im Durchschnitt drei Meter.

Hafenbalkon und St.-Pauli Landungsbrücken (C 6)

Empfehlenswert für einen ersten Überblick ist der Hafenbalkon. Von der U- und S-Bahnstation Landungsbrücken führen ein paar Stufen hoch zum Stintfang und zur Jugendherberge. Von dort aus geht der Blick geradeaus über die vierhundert Meter breite Norderelbe und das ganze Panorama der Kräne und Werftanlagen. Gleich gegenüber liegt das Trockendock 17 von Blohm + Voss. Im Rücken droht der grimmige Bismarck gen England, rechter Hand liegen auf einem steilen Geesthang das Deutsche Hydrographische Institut, das Bernhard-Nocht-Institut für Tropenkrankheiten und das Hotel »Hafen Hamburg«, einst ein beliebtes Seemannsheim. Die St.-Pauli-Landungsbrücken selbst sind eine schwimmende Angelegenheit von 688 Metern Länge, die sich mit Ebbe und Flut ächzend hebt und senkt. Sie sind Ausgangspunkt für alle Schiffsfahrten. An der Überseebrücke machen gelegentlich Kreuzfahrtschiffe oder Kriegsschiffe aus aller Herren Länder fest, die dann in aller Regel auch besichtigt werden können. Gleich daneben liegt seit Jahr und Tag fest vertäut die »Rickmer Rickmers«, ein altes Segelschulschiff, und seit einiger Zeit auch die »Cap San Diego«, ein Frachter aus der Zeit, als die Frachter noch wie Frachter aussahen.

Zwischen Überseebrücke und Brücke 9, wo früher die Englandfähre zu ihrer Fahrt nach Harwich startete, reihen sich die Imbißbuden und Souvenirläden.
S 1, S 2, S 3, U 3 Landungsbrücken

Hafenrundfahrt (C 6)

Eine Hafenrundfahrt können Sie mit den Hafenfähren des HVV, mit den Dampfern der HADAG, mit einer privaten Barkasse oder einem der neuen großen Privatschiffe unternehmen. Die Schiffe des HVV verkehren im Liniendienst und können mit einer gültigen HVV-Karte benutzt werden. Das gleiche gilt für einige Schiffe der HADAG. Da die Abfahrtszeiten je nach Jahreszeit und Nachfrage stark variieren, sollte man sich am besten vorher telefonisch über die Zeiten und die Preise informieren: *HADAG, tgl. 8–17 Uhr, Tel. 311 70 70; HVV, tgl. 7–20 Uhr, Tel. 194 49.* Die Barkassen schließlich sind kleiner und wendiger; man sitzt auf ihnen näher am Wasser, was sich in der kalten Jahreszeit allerdings unangenehm bemerkbar machen kann. Eine normale Hafenrundfahrt dauert eine Stunde und führt vorbei an Kaianlagen, Docks und Lagerhallen, die, auch wenn sie Zehntausende von Quadratmetern umfassen, schlicht und einfach Schuppen genannt werden. Romantik dürfen Sie allerdings nicht erwarten: Im Warenverkehr auf dem

Wasser hat sich längst die Containerrevolution ereignet. Seit etwa zwanzig Jahren nimmt die Zahl der rechteckigen Kisten unaufhörlich zu. Ihr Vorteil liegt auf der Hand: Blitzschnell lassen sie sich be- und entladen, weltweit genormt, passen sie auf Lastwagen oder Eisenbahnwaggons ebenso wie aufs Schiff. Die zweite Revolution war das »Roll-on-roll-off«-Verfahren, bei dem die Schiffe durch eine Klappe im Heck versorgt werden. Beides hat dazu geführt, daß die Liegedauer im Hafen oft nur noch Stunden beträgt, und deshalb ist die Chance, in Hamburg einem echten Seemann zu begegnen, sehr klein geworden, zumal er dann ohnehin nicht von der deutschen Waterkant stammen dürfte, sondern von den Philippinen oder aus anderen Billiglohnländern.

Per Barkasse oder per Alsterdampfer, im ersteren Fall von den Landungsbrücken, im zweiten vom Jungfernstieg aus, läßt sich die *Speicherstadt* besichtigen. Diese Backsteingebäude im neugotischen Stil gehören zum Gebiet des *Freihafens*, der als Zollausland deklariert ist. Man kommt auch zu Fuß hinein, zum Beispiel vom Niederbaum in der Nähe der U-Bahnstation Baumwall. Zollpflichtige Waren sind anzumelden. Die Speicherstadt ist mit 373 000 Quadratmetern der größte zusammenhängende Lagerhauskomplex der Welt, in dem sich Kaffee, Tee, Gewürze, Alkoholika, Hi-Fi-Anlagen und vor allem wertvolle Orientteppiche stapeln. Elbabwärts der Landungsbrücken schließt sich hinter dem Fischmarkt der *Fischereihafen* an. Obwohl inzwischen mehr Fisch durch Lastwagen und Flugzeuge als durch Schiffe befördert wird, ist dies immer noch Deutschlands bedeutendster Umschlagplatz für Seefische. Die meisten Firmen beliefern Großhandelsketten und Restaurants, aber einige verkaufen auch direkt. Linker Hand liegt das futuristische Kreuzfahrtcenter, von wo aus die Fähren nach England ablegen. Am Anleger Neumühlen in Övelgönne endet der Hafenspaziergang im Museumshafen. Am anderen Ufer beherrscht der Containerterminal Waltershof den Bereich zwischen der Köhlbrandbrücke und dem stromabwärts gelegenen Petroleumhafen, den man bei entsprechender Windrichtung auch leicht mit der Nase ausfindig machen kann. *S 1, S 2, S 3, U 3 Landungsbrücken, U 3 Baumwall*

Hamburg Information **(C 6)**
Alle Fragen in bezug auf die Hansestadt und den Hafen beantwortet die Hamburg Information im Glaspavillon zwischen Brücke 4 und Brücke 5 der Landungsbrücken. *April–Okt. tgl. 10–19 Uhr, Nov.–März tgl. 9 bis 17.30 Uhr, Tel. 30 05 12 03*

PARKS

Alsterpark **(G 1)**
Die Flaniermeile an Hamburgs Alster schlechthin. Ein Wunder, daß an dieser Stelle keine Villen stehen. So darf sich jeder am Ausblick auf die Alster freuen. *U1 Hallerstraße, Klosterstern*

Alter Botanischer Garten **(F 2)**
Zusammen mit Planten un Blomen sowie dem Wallringpark

eine innerstädtische Oase, die von erstaunlich wenigen Hamburgern in Anspruch genommen wird. Im Winter steht die beliebte Eislaufbahn zur Verfügung. *Tgl. 7–20 Uhr, im Sommer bis 22 Uhr. Gewächshäuser: Sommer 9–18 Uhr, Winter 9–16 Uhr, DB, S 11, S 21, S 31 Dammtorbahnhof, U1 Stephansplatz, U2 Messehallen*

Duvenstedter Brook (O)
Achthundert Hektar großes Naturschutzgebiet mit seltenen Tier- und Pflanzenarten. Für familiäre Sonntagsausflüge ideal. *U1 Ohlstedt, anschließend längerer Fußmarsch*

Hagenbecks Tierpark (O)
»Geh'n wir mal nach Hagenbeck« heißt es seit 1874, damals stellte Clas Carl Hagenbeck auf dem Spielbudenplatz sechs Robben aus. Seit 1907 residiert der Zoo in Stellingen. Erstmalig auf der Welt lebten die Tiere hier in Freigehegen. Auf dem 25 Hektar großen Gelände finden sich kleine Teiche, nachgebildete Gebirge, Saurier in Originalgröße, sogar eine japanische Insel. Kolossale Kolonialarchitektur und jede Menge tierischer Sensationen. 2100 Tiere aus aller Welt sind heute bei Hagenbeck zu Hause. Der NDR filmt hier seine Spots für die Pausen zwischen der Werbung. Auf keinen Fall die Elefanten versäumen: Sie nehmen gern auch Zehnmarkscheine entgegen und praktizieren sie den Wärtern artig in die Tasche. *Tgl. ab 9 Uhr, wechselnde Schließzeiten, Erwachsene 19 Mark, Kinder 14 Mark, telefonische Ansage der Fütterungszeiten: 54 00 01 47, U2 Hagenbecks Tierpark*

Der Fernsehturm überragt das Blumenmeer von Planten un Blomen

Hirschpark, Baurs Park (O)
Exklusive kleine Parkanlagen am Rande von Blankenese. Im Hirschpark befinden sich Hamburgs zweitgefährlichste Rodelstrecke und eine reetdachgedeckte Teestube, in der zu Lebzeiten der exzentrische Dichter Hans Henny Jahnn wohnte. Ideales Ausflugsziel für den Sonntagnachmittag. *S 1, S 11 Blankenese*

Jenischpark (O)
So wohnte man früher, sofern man Senator war und das nötige Kleingeld besaß. Das Jenischhaus darf (gegen Entgelt) besichtigt werden, ebenso das Barlachhaus. *S 1, S 11 Klein Flottbek*

Moorweide (F–G 1–2)
Aufmarschgelände für Demonstrationen. Ansonsten Trainingsgrund für Kneipenfußballer, Frisbeespieler und Hunde auf Kaninchenjagd. *DB, S 11, S 21, S 31 Dammtorbahnhof*

Neuer Botanischer Garten (O)
Etwas beschwerlich zu erreichen und noch nicht ganz ausgewachsen. *Tgl. 9 Uhr – Sonnenuntergang, S 1, S 11 Klein Flottbek*

Öjendorfer Park (O)
Zwischen Autobahnen eingekeilt und errichtet auf den Trümmern von Hamburgs schlimmster Katastrophe, den Bombenangriffen im Zweiten Weltkrieg. *U3 Merkenstraße*

Ohlsdorfer Friedhof (O)
★ Der Welt zweitgrößter Friedhof. Einen größeren hat nur Chicago zu bieten. Wegen der verwirrenden Anlage empfiehlt es sich, bei der Friedhofsverwaltung eine Karte zu besorgen. Siebzehn Kilometer Fahrwege und zwei Omnibuslinien erschließen das Gelände. Zweifellos Hamburgs schönster Park. *Tgl. 8–21 Uhr, S 1, S 11, U 1 Ohlsdorf*

Sachsenwald (O)
Hierher zog sich grollend Otto von Bismarck zurück, als er nicht mehr Reichskanzler sein durfte. Mit der S-Bahn zu erreichen. Beliebt: der »Schmetterlingsgarten«. *Schmetterlingsgarten im Sommer tgl. 9–18 Uhr, S 21 Aumühle, Friedrichsruh*

Stadtpark (O)
Großer Park mit Planetarium, Freibad, Blindengarten und See. Im Sommer Treffpunkt für Grillhungrige, Hobby- und Profimusiker sowie alle, die das Pech haben, über keinen Balkon zu verfügen. *U3 Saarlandstraße, Borgweg, S 1, S 11 Alte Wöhr*

Volkspark (O)
Groß und hügelig. Drunter kreisen die Elektronen des »Deutschen Elektronen Synchrotrons«, nebenan mühen sich die Kicker des HSV ab. Es gibt ein Sommerbad und eine Gaststätte. *S 3, S 21 Stellingen*

PASSAGEN

★ Durchs *Passagenviertel* zu schlendern und schlemmen ist ein »Muß« für jeden Besucher dieser Stadt. Außerdem hat man bei dem sprichwörtlichen Hamburger Schmuddelwetter ein sehr angenehmes Dach über dem Kopf.

Alsterarkaden (F 4)
★ Balkon zur Binnenalster, gegenüber vom Rathausmarkt gelegen. Fast schon italienisch wirkend. Vor einigen Jahren teilweise ausgebrannt, sind sie originalgetreu wieder aufgebaut worden. *S 1, S 2, S 3, U1, U2 Jungfernstieg, U2 Gänsemarkt*

Alte Post (F 4)
Schöne Architektur, elegante Modegeschäfte. *S 1, S 2, S 3, U1, U2 Jungfernstieg, U2 Gänsemarkt*

Bleichenhof **(F 4)**
Jüngste architektonische Schöpfung zwischen Raumschiff Enterprise und Fifth Avenue. Betteln darf man hier nicht. *S 1, S 2, S 3, U1, U2 Jungfernstieg, S 1, S 2, S 3 Stadthausbrücke*

Colonnaden **(F 3)**
Passagenklassiker, nur teilweise überdacht. Fundgrube für jeden, der Taschenmesser, Klaviere, Bruchbänder und anderes sucht. *S 1, S 2, S 3, U1, U2 Jungfernstieg, U2 Gänsemarkt*

Gänsemarkt-Passage **(F 3)**
Undurchdringliches Labyrinth für Schuhfetischisten und alle, die einen Fummel suchen. *S 1, S 2, S 3, U1, U2 Jungfernstieg, U2 Gänsemarkt*

Galleria **(F 4)**
Wurde, als sie 1983 eingeweiht wurde, sogleich zum Indiz für die Luxussucht der Deutschen erklärt (Marmorsäulen!). Enthält vor allem Andenkenläden sowie Geschäfte für Geschenkartikel und junge Mode. *S 1, S 2, S 3, U1, U2 Jungfernstieg*

Gerhof-Passage **(F 4)**
Verbindung zwischen Gerhofstraße und Poststraße. Nicht weiter aufregend. *S 1, S 2, S 3, U1, U2 Jungfernstieg, U2 Gänsemarkt*

Hamburger Hof **(F 4)**
Sticht vom Jungfernstieg nach hinten durch. Zu Weihnachten läßt die Dekoration alle die staunen, die so etwas noch nicht gesehen haben. Schöne Rolltrep-

Erste Fußgängerzone der Innenstadt – die Colonnaden

penführung. *S 1, S 2, S 3, U1, U2 Jungfernstieg, U2 Gänsemarkt*

Hanse-Viertel (F 4)
Monsterpassage mit allem Schnickschnack, den das Herz begehrt, inclusive Hummer- und Champagnerstand. Wirkt durch den Mövenpickimbiß im Untergeschoß mahlstromartig wie ein Trichter, der ahnungslose Passanten in sich hineinsaugt. *S 1, S 2, S 3, U1, U2 Jungfernstieg, U2 Gänsemarkt*

Wandelhalle im Hauptbahnhof (I 4)
Die Bundesbahn macht's möglich: der Einkauf in vollen Zügen. Tourist-Information. *Alle U- und S-Bahnlinien Hauptbahnhof*

PLÄTZE

Alter Fischmarkt (H 6)
Ein trauriges Kapitel: Statt eines Parks parken hier die Autos. Es wäre bei entsprechender Gestaltung ein schöner Platz, aber so, wie die Dinge liegen, wird hier wohl eines Tages ein Versicherungspalast errichtet. *U1 Meßberg*

Burchardplatz (H 5)
Gesäumt von mächtigen Kontorhäusern aus Backstein, macht der Platz auf Besucher aus dem lieblichen Süden einen leicht bedrohlichen Eindruck. Geplant wird eine Tiefgarage, und das könnte die Gegend durchaus beleben. *U1 Meßberg*

Gänsemarkt (F 3)
Ein seltsamer Platz. Es wird gebastelt und gebaut, aber die rechte Stimmung mag nicht aufkommen. Viel Jungvolk aus den Vororten trifft sich hier zum Eisessen. *U2 Gänsemarkt*

Gerhart-Hauptmann-Platz (G 4)
Einst ein Pferdemarkt, ist dieser Platz heute zentraler Treffpunkt der Tippelbrüder. Sie belästigen keinen. Fallen Sie nicht über die wild verlegten Pflastersteine, wenn Sie ins Thalia-Theater wollen. *U3 Mönckebergstraße*

Großneumarkt (E 5)
Die Adresse für alle, die sommers draußen sitzen, Bier trinken und viel Stimmung haben wollen. Seit Jahren tobt ein erbitterter Kampf zwischen den Wirten und den Anwohnern über die Frage der Sperrstunde. Zur Zeit steht es unentschieden. *S 1, S 2, S 3 Stadthausbrücke, U3 Rödingsmarkt*

Heiligengeistfeld (C–D 3–4)
Urbane Wüste, auf der dreimal im Jahr der berüchtigte Dom stattfindet. Nebenan das Stadion des FC St. Pauli. *U3 Feldstraße, St. Pauli, U2 Messehallen*

Rathausmarkt (G 4)
Als man die Innenstadt nach dem großen Brand wieder aufbaute, schwebte dem Architekten Gottfried Semper der Markusplatz von Venedig vor Augen. Man hat sich zwar nicht ganz nach seinen Vorstellungen gerichtet, aber die Nähe zur Kleinen Alster hat schon etwas für sich. Seit der »Rote Platz« vom damaligen Bürgermeister Ulrich Klose des Autoverkehrs beraubt wurde, wirkt er meistens ein bißchen leer, es sei denn, es findet gerade irgendein Budenfest oder eine Kundgebung statt. Die postmodernen Laubengänge gegenüber

dem Rathaus sind nicht gerade eine Zier, aber ganz praktisch bei Regen. *U3 Rathaus*

Von-Melle-Park **(E–F 1)**
Zwischen Staatsbibliothek und Abaton-Kino am Allendeplatz liegt der eigentliche Campus der Hamburger Universität. Für alle, die dem akademischen Nachwuchs zusehen möchten, ein schönes Eckchen. *U1 Hallerstraße, DB, S 11, S 21, S 31 Dammtorbahnhof*

STADTVIERTEL

Altona **(O)**
Bis 1937 eine eigene Stadt. Seitdem, zum Leidwesen Alteingesessener, nach Hamburg eingemeindet. Schlimmste Zerstörungen nicht durch den Zweiten Weltkrieg, sondern durch planungswütige Stadtväter, die ganze Straßenzeilen flachlegen ließen. Dadurch sehr gemischt. *S 1, S 2, S 3, S 11, S 31 Altona*

Altstadt **(H 5)**
Hier wohnt man nicht, hier sucht man Parkplätze vergebens, geht seinen Geschäften nach und zahlt ungeheure Büromieten. *U1 Meßberg*

Barmbek **(O)**
Bei Kriegsbeginn Hamburgs größter Stadtteil, im Krieg praktisch ausradiert. Von »Armbek« und Hammerbrook alias »Jammerbrook« blieben nicht viel mehr als die Namen. Überwiegend autogerecht aufgebaut. *S 1, S 11, U2, U3 Barmbek*

Bergedorf **(O)**
Eine eigene Stadt weit draußen vor den Toren. Streng geschieden in Bergedorf-Süd, Bergedorf-Ost, Bergedorf-West, Bergedorf-City. *S 2, S 21 Bergedorf*

Blankenese **(O)**
★ Glücklich, wer es hierhin geschafft hat. Unten am Strandweg werden die Touristen abgefangen, oben am Hang sieht man alles sehr gelassen. Treppen hinauf und hinunter. *S 1, S 11 Blankenese*

Daskenntmannicht
Sammelbezeichnung für eine erkleckliche Anzahl von Stadtteilen wie Allermöhe, Altengamme, Altenwerder, Bergstedt, Billbrook, Billstedt, Billwerder, Borgfelde, Bramfeld, Cranz, Curslack, Eidelstedt, Eilbek, Eißendorf, Farmsen-Berne, Finkenwerder, Francop, Fuhlsbüttel, Groß Borstel, Gut Moor, Hamm, Hammerbrook, Harburg, Hausbruch, Heimfeld, Hoheluft-West, Hoheluft-Ost, Hohenfelde, Horn, Jenfeld, Kirchwerder, Kleiner Grasbrook, Klostertor, Langenbek, Langenhorn, Lohbrügge, Lurup, Marmstorf, Moorburg, Moorfleet, Neuenfelde, Neuengamme, Neugraben-Fischbek, Neuland, Niendorf, Ochsenwerder, Rahlstedt, Reitbrook, Rönneburg, Rothenburgsort, Schnelsen, Sinstorf, Spadenland, Steilshoop, Steinwerder, Tatenberg, Tonndorf, Veddel, Waltershof, Wilhelmsburg, Wilsdorf und Wohldorf-Ohlstedt, denen allen gemeinsam ist, daß sie zwar sehr wohl existieren, aber ihre Existenz von den Hamburgern hartnäckig geleugnet wird.

Eimsbüttel **(B 1)**
Wohngemeinschaften, Angehörige der Grün-Alternativen

Hamburg, eine blaue Stadt. Wo sonst gibt es so viel Wasser mitten im Zentrum?

Liste, Makler, Photographen und Rentner sind hier bestens aufgehoben. Hoher Müsli- und Teeverbrauch. Vorbei, vorbei, die Eimsbütteler Tage, als der Eimsbütteler Turnverein vor 24 000 Zuschauern gegen Rapid Wien kickte, Bimbo Binder zehn Minuten vor Schluß auflief und aus einem 0: 1 noch ein 3: 1 machte. *U2 Christuskirche, Osterstraße*

Eppendorf (O)
Von Bewohnern anderer Stadtteile als »Deppendorf« geschmäht. Viele Straßen mit alten Häusern. Vorzugsweise bewohnt von Lehrern und Journalisten. Geballte Kaufkraft läßt Läden aller Art erblühen und verwelken. Der wahre Eppendorfer kann es sich nur schwer vorstellen, einen Fuß aus seinem Viertel zu setzen. *U1 Klosterstern, Kellinghusenstraße, U3 Eppendorfer Baum*

Grindelviertel (O)
Kein eigener Stadtbezirk, aber durch die Universität hinreichend abgegrenzt. Einst Zentrum des jüdischen Lebens. Auf dem Allendeplatz stand bis zu ihrem Abriß 1939 durch die Nazis die große Hauptsynagoge – heute ist der Grundriß als Denkmal in den Boden eingelassen. *U1 Hallerstraße*

Harvestehude
Rotherbaum (O)
★ Vornehm geht die Welt zugrunde. Es gibt kaum Gaststätten in Harvestehude. Dafür in den umliegenden Stadtteilen um so mehr. *U1 Hallerstraße, Klosterstern*

Lokstedt **(O)**
Bemerkenswert: das NDR-Hochhaus. *U2 Hagenbecks Tierpark*

Neustadt **(E 5)**
Undurchsichtiges Viertel, zerrissen von Ausfallstraßen. *S 1, S 2, S 3 Stadthausbrücke*

Nienstedten **(O)**
Wird Nien-s-tedten ausgesprochen. Erhöhte Villendichte. Man hat es gern schattig und ruhig. *S 1, S 11 Klein Flottbek*

Övelgönne **(O)**
★ Kleine Fischer- und Kapitänshäuser in beneidenswerter Elblage, mit dem weniger beneidenswerten Nachteil, daß eineinhalb Millionen Hamburger mit frecher Selbstverständlichkeit für sich in Anspruch nehmen, sonntags die Vorgärten abzuschreiten. Der Name Övelgönne ist angeblich auf den Spruch »übel gegönntes Brot schmeckt am besten« zurückzuführen. *S 1, S 2, S 3, S 11, S 31 Altona, Bus 112 ab Altona*

Othmarschen **(O)**
Von hier aus wird es Richtung Westen immer feiner. *S 1, S 11 Othmarschen*

Ottensen **(O)**
Als »Mottensen« verschrieenes, schlampig-gemütliches Viertel. *S 1, S 2, S 3, S 11, S 31 Altona*

Pöseldorf **(O)**
Die kurze Blütezeit, als »Schnöseldorf« für schick galt, liegt auch schon ein paar Jahre zurück. In Pöseldorf wohnen Leute wie Udo Lindenberg und Jil Sander. *U1 Hallerstraße*

Schanze und Karolinenviertel **(C–D 2–3)**
Hier wohnt die Vorhut im Kampf gegen steigende Mieten. Kein gutes Pflaster für Makler und Hausbesitzer, denen gelegentlich schon mal Schläge angedroht werden. *U2 Messehallen, U3 Feldstraße, Sternschanze*

Stellingen **(O)**
Bemerkenswert: die Autobahnausfahrt Stellingen und Hagenbecks Tierpark. *S 3, S 21 Stellingen, U2 Hagenbecks Tierpark*

St. Georg **(I 3)**
Idyll und Elend auf engstem Raum. Weil der Hauptbahnhof so nahe liegt, kommt man auch schnell wieder weg. Hier wohnt eine selbstbewußte Einwohnerschaft, die sich zu wehren wußte, als das Viertel in den siebziger Jahren planiert werden und einem utopischen »Manhattan an der Alster« weichen sollte. Als die städtische Sperrmüllabfuhr noch regelmäßig kam, gab es in St. Georg rauschende Feste. Gegen Rauschgift und Kinderprostitution auf Hamburgs »zweiten Kiez« kämpft die Polizei seit Jahren vergeblich. *DB, alle S- und U-Bahnlinien Hauptbahnhof*

St. Pauli **(B–C 4–5)**
Weltbekannt. Auf dem Kiez läßt sich, was kaum bekannt ist, auch wohnen, und das hier und da sogar noch ungewöhnlich preiswert. Wenn man auf St. Pauli einen Seemann treffen sollte, dann ist er garantiert arbeitslos, denn die Liegezeiten der Schiffe im Hafen sind mittlerweile so kurz, daß die Matrosen gar nicht mehr an Land kommen. Dafür Busladungen von Bayern, Japanern

und anderen exotischen Völkern. *S 1, S 2, S 3 Reeperbahn, U3 St. Pauli*

Uhlenhorst **(O)**
Es heißt: Man wohnt *auf* der Uhlenhorst, und dort ärgert man sich seit Menschengedenken, daß Harvestehude auf der anderen Alsterseite immer noch einen Tick besser abschneidet. *U2 Mundsburg*

Wandsbek **(O)**
Ehemals preußisches Städtchen und Sitz von Tabak-, Schokolade- und Hefefabriken. Im Krieg stark zerstört. *S 4 Wandsbek, U1 Wandsbeker Markt*

Winterhude **(O)**
Von Kanälen, Fabriken, Villen und Mietskasernen geprägt. Entstanden durch Grundstücksspekulation um die Jahrhundertwende: Der größte Grundstücksbesitzer Adolf Sierich unterhielt damals den Stadtpark als eigenes Jagdrevier. *U3 Borgweg, Sierichstraße*

STRASSEN

ABC-Straße **(F 4)**
Aufstrebende Gasse mit horrenden Mieten und ebensolchen Preisen. Althamburger weinen eine stille Träne, wenn sie an die Vergangenheit dieser Gegend denken. *U2 Gänsemarkt*

Blankeneser Bahnhofstraße **(O)**
Weit draußen. Am Samstagvormittag Ort für interessante soziokulturelle Studien. Auch wenn Sie stolzer Besitzer eines Zwölfzylindercabrios der Firma Jaguar sind: Nehmen Sie es nicht mit. Über so etwas rümpft man hier die Nase. Außerdem ist die Straße sowieso zugeparkt. *S 1, S 11 Blankenese*

Elbchaussee **(O)**
In erster Linie: Hauptverkehrsstraße zwischen der City und den westlichen Vororten. In zweiter Linie: Hamburgs vornehmste Adresse. Es gibt eine Schokoladenseite – das ist die zur Elbe hin mit den ungeraden Nummern. Die anderen müssen sich mit ihren vielen Bäumen trösten. Zwischendrin Parks für jedermann und Auf- und Abstiegsmöglichkeiten zur Elbe. *S 1, S 11 Othmarschen, Klein Flottbek, Hochkamp, Blankenese*

Elbuferweg Övelgönne **(O)**
Die Elbchaussee des kleinen Mannes. Am Wochenende lebensbedrohliche Massenwanderungen zwischen Haustüren und Vorgärten. Vereinzelt schon Schilder an den Häusern: »Die Elbe ist auf der anderen Seite!« *S 1, S 2, S 3 Königstraße*

Eppendorfer Baum **(O)**
Schon nicht mehr in der City gelegen, aber durchaus ein Erlebnis. Man kennt sich und nickt sich beim Einkaufen am Samstagvormittag vorsichtig und manchmal leicht verkatert zu. Viele, zum Teil alteingesessene Spezialgeschäfte, dazu jede Menge kurz- oder auch längerlebiger Boutiquen. *U1 Klosterstern, U3 Eppendorfer Baum*

Eppendorfer Landstraße **(O)**
Als Verlängerung des Eppendorfer Baums ein längerer Einkaufsmarsch. Auf dem Weg ausreichend Kneipen. *U1, U3 Kellinghusenstraße*

Eppendorfer Weg **(O)**
Noch viel länger als die Eppendorfer Landstraße. Beginnt am unteren Ende des Eppendorfer Baums und zieht sich bis nach Eimsbüttel hin. Es hat noch niemand geschafft, den Eppendorfer Weg zu Fuß bis zu Ende zu absolvieren. Abschnittsweise sehr interessante Läden aus dem ehemals alternativen Milieu und zwischendurch kleinere Zusammenballungen von Restaurants und Kneipen. *U2 Christuskirche, U3 Eppendorfer Baum*

Große Elbstraße **(A 6)**
Heruntergekommener Straßenstrich der traurigen Sorte, ganz besonders im Winter. *Eigenes Auto*

Hafenstraße **(B 6)**
Sehr, sehr kurz. Man versteht nicht ganz das Geschrei um die paar Häuser. Erläuterungen für Ortsfremde gehören inzwischen zum Standardrepertoire der Hafenkapitäne. Am Wochenende schaffen die Bewohner ihren Sperrmüll vor die Tür und sonnen sich, die Touristen halten sicheren Abstand auf der Elbpromenade. *S 1, S 2, S 3, U3 Landungsbrücken*

Harvestehuder Weg **(O)**
Nur kein Neid. Die Villen sind alle längst in fester Hand, meist in ausländischem Besitz. Viele Konsulate und Handelsvertretungen. Ein angenehmer Spazierweg parallel zur Straße durch den Alsterpark von der Innenstadt zur Krugkoppelbrücke. In der Mitte liegt abseits vom Autoverkehr die Gaststätte Kleines Fährhaus. Zurück mit dem Schiff. Oder in umgekehrter Richtung. Sehr zu empfehlen für Großstadtlärmgeschädigte. Bei gutem Wetter hohe Konzentration von Sonnenanbetern. *U1 Klosterstern, DB, S 11, S 21, S 31 Dammtorbahnhof*

Herbertstraße **(B 5)**
Die traditionelle Bordellstraße, hinreichend kurz und überschaubar. Geschlossene Gesellschaft für Herren, die eine Not verspüren. Seit dem Auftauchen des Aidsvirus nicht mehr ganz so stark frequentiert. Ruppiger Umgangston. *S 1, S 2, S 3 Reeperbahn, U3 St. Pauli*

Isestraße **(O)**
Keine Einkaufsstraße, sondern ein Ensemble des Hamburger Gründerzeit- und Jugendstils, welches an der U-Bahnstation Hoheluftbrücke als »fiese Straße« beginnt, und sich abschnittweise über die »miese« zur eigentlichen Isestraße mit ihren hochherrschaftlichen Häusern entwickelt. Ein schöner Spaziergang. *U3 Hoheluftbrücke, Eppendorfer Baum*

Jungfernstieg **(G 4)**
★ Immer noch die offizielle Einkaufsstraße Hamburgs, entlang deren sich all die Firmen niedergelassen haben, die auf der ganzen Welt vertreten sind: Burberrys', Cartier, Hermès. Dazu eine Reihe alteingesessener Hamburger Geschäfte. Der Alsterpavillon, mehrfach abgerissen und wieder aufgebaut, ist nach der jüngsten Renovierung auch nicht mehr das, was er mal war, aber jederzeit einen Besuch wert. Im »Alsterhaus« finden Sie alles, was der Mensch zu brauchen glaubt, unter einem Dach.

Lohnend: die Lebensmittel- und Getränkeabteilung. Vom Anleger gegenüber starten im Sommerhalbjahr die Alsterdampfer zu ihren nicht nur bei Touristen beliebten Rundfahrten. *U1, U2, S 1, S 2, S 3 Jungfernstieg*

Lange Reihe **(I 3)**
Gleich um die Ecke hinter dem Hauptbahnhof. Wahrscheinlich Hamburgs lebendigste und gemischteste Straße. Offiziell nicht gestatteter Babystrich und Umschlagplatz für hartes Rauschgift, aber auch liebevoll gepflegtes Miteinander. Einige empfehlenswerte Lokale. *DB, alle S- und U-Bahnlinien Hauptbahnhof*

Leinpfad **(O)**
Ruhige Wohnstraße längs des Alsterlaufs zwischen Krugkoppelbrücke und Hudtwalckerstraße. So schön friedlich kann das Leben sein. Reserviert für Exbürgermeister und lebende Ehrenbürger Hamburgs. *Alsterschiffe, Anleger Streekbrücke, U 1 Klosterstern, Hudtwalckerstraße*

Milchstraße **(O)**
Da kann man mal sehen, was viel Geld und böser Wille alles ausrichten können. Aber wenn Sie ein Kostüm von Jil Sander suchen, sind Sie hier im Herzen von Pöseldorf goldrichtig. *U1 Hallerstraße*

Mittelweg **(G 1)**
Parallel zur Rothenbaumchaussee. Partiell ein paar schöne Geschäfte. *U 1 Hallerstraße, DB, S 11, S 21, S 31 Dammtorbahnhof*

Mönckebergstraße **(H 4)**
Trotz aller Bemühungen, sie in Anlehnung an Düsseldorfs Kaufmeile als »Mö« zu etablieren, eine Einkaufsstraße, wie es sie überall gibt: laut, hektisch und ein magnetischer Anziehungspunkt für Animationskünstler und anderes Volk. Kaufen Sie sich eine Dose Holsten und eine Bratwurst, und Sie fallen nicht weiter auf. Dominierendes Kaufhaus: Karstadt. *U 3 Mönckebergstraße*

Neuer Wall **(F 4)**
Etwas Understatement schmückt. Ein knapper halber Kilometer Gediegenheit, unter anderem Ausstattungsgeschäfte für den Herrn, der mit Kreditkarte und Scheck virtuos umzugehen weiß. *S 1, S 2, S 3 Stadthausbrücke, U1, U2, S 1, S 2, S 3 Jungfernstieg*

Reeperbahn **(B–C 5)**
Weltweit bekannt. Im Ausland wird »Reeperbahn« gleichgesetzt mit »Sünde«. Architektonisch und städtebaulich eine Beleidigung fürs Auge. Wird jedoch aus anderen Gründen besucht. Ist zunehmend »im Kommen«. Vorsicht vor Fallenstellern aller Art. *S 1, S 2, S 3 Reeperbahn, U 3 St. Pauli*

Rothenbaumchaussee **(F 1)**
Als Adresse des NDR-Hörfunks bekannt. Kann man entlangspazieren, muß man aber nicht. *U1 Hallerstraße*

Waitzstraße **(O)**
Einkaufsalternative für die Bewohner der Elbvororte, die zu faul sind, in die Stadt zu fahren. Lassen Sie die Bierdose in der S-Bahn zurück, hier fallen Sie unangenehm damit auf. *S 1, S 11 Othmarschen*

Vietnamesische Kulturtage 13.9. 25.9.
HIER ENTSTEHT EIN TOTEMPFAHL
16.9. Indianische Kunst Live! 31.10.
Saliba im Museum
MUSEUM FÜR VÖLKERKUNDE
Saliba im Museum
MUSEUM FÜR VÖLKERKUNDE

Zwei Stunden im Museum

Hamburg war nie eine Kunstmetropole, dennoch gibt es Interessantes zu sehen

Verglichen mit anderen Großstädten ist Hamburg arm an bedeutenden Museen. Königliche oder fürstliche Sammlungen hat es hier nie gegeben, weil es eben keine Könige und Fürsten gab. Die ehrbaren Kaufleute hatten anderes zu tun, als ihr Geld in die Kunst zu stecken. Und auch der Senat war von eh und je der Überzeugung, Kulturpolitik sei herzlich überflüssig und Kunst eine Sache für Privatleute. Wo es dann doch Impulse zur Förderung der schönen Künste gab, da gingen sie von einzelnen Mäzenen oder engagierten Bürgervereinen aus. Bis heute hat sich daran nur wenig geändert.

Trotzdem findet der Hamburgbesucher einiges von Interesse. »Hamburgensien« sind darunter, aber auch Sammlungen von Rang.

Altonaer Museum **(O)**
★ Hauptattraktion ist zweifellos die Sammlung von Galionsfiguren alter Großsegler. Schiffsmodelle, Seekarten, nautische Instrumente und sonstige maritime Gegenstände vermitteln einen Eindruck von der Seefahrerei. Daneben sehr viel Material zur Regionalgeschichte Norddeutschlands mit einem Schwerpunkt auf den Gebieten Schifffahrt, Technik und Volkskunde. Die Kunstsammlung umfaßt norddeutsche Landschaftsmalereien vom 18. Jahrhundert bis in die Moderne. Aufmerksamkeit verdient ein im Museum original aufgebautes Bauernhaus, eine Vierländer Kate, die 1745 in dem Obst- und Gemüseanbaugebiet Vierlande, südöstlich von Hamburg, errichtet wurde und nun als Café/Restaurant eingerichtet. *Di–So 10–18 Uhr, Eintritt 6 Mark, Museumsstraße 23, S 1, S 2, S 3, S 11, S 21, S 31 Altona*

Völkerkundemuseum: Eine der weltweit größten Sammlungen

Cap San Diego **(E 6)**
Ehemaliger Stückgutfrachter, 1962 in Dienst gestellt, Mitte der 80er Jahre vor der Verschrottung gerettet und als Museumsschiff restauriert, sehenswert, innen ein Restaurant. *Tgl. 10–18 Uhr, Eintritt 5 Mark, Landungs-*

MARCO POLO TIPS FÜR MUSEEN

1 **Kunsthalle**
Eine der wichtigsten deutschen Sammlungen von Malerei
(Seite 40)

2 **Museum für Kunst und Gewerbe**
Sehenswert: die Jugendstilabteilung
(Seite 43)

3 **Altonaer Museum**
Für Freunde der Seefahrt
(Seite 39)

4 **Museum für Hamburgische Geschichte**
Besonders lohnend: ein Besuch im Café Fees (Seite 42)

5 **Museumshafen Övelgönne**
Schwimmtüchtige Sammlung alter Segelschiffe (Seite 43)

brücken S 1, S 2, S 3, U3 Landungsbrücken, U 3 Baumwall

Deichtorhallen **(I 4)**
Wechselnde Ausstellungen, meist von hohem Rang. *Di–So 11–18 Uhr, Eintritt 10 Mark. Altländer Straße 1, alle U- und S-Bahnlinien Hauptbahnhof, U1 Steinstraße*

electrum **(O)**
Die Hamburgischen Elektrizitätswerke demonstrieren, was man mit Strom alles machen kann. Werkstatt für Bastler. *Di bis So 9–17 Uhr, Eintritt frei, Klinikweg 23, U2 Hamburger Straße*

Ernst-Barlach-Haus **(O)**
Sammlung des verstorbenen Mäzens Hermann F. Reemtsma. Wird gerade grundlegend renoviert. Wiedereröffnung für Mitte 1996 vorgesehen. *Baron-Vogth-Straße 50a, S 1, S 11 Klein Flottbek*

Erotic-Art-Museum **(B 5)**
Eine Lücke, die endlich geschlossen wurde: die Kunst der Horizontalen. *Di–So 10–24 Uhr, Eintritt 15 Mark, Bernhard-Nocht-Straße 69, S 1, S 2, S 3 Reeperbahn*

Geologisch-Paläontologisches Museum der Universität **(O)**
Vom Urknall über die Entstehung der Erde bis zum Höhlenbären und zum Menschen: Fossilien und andere Funde. *Mo–Fr 9 bis 18 Uhr, Eintritt frei, Bundesstraße 55, U2, U3 Schlump*

Hamburger Kunsthalle **(H 3)**
★ Wichtigstes Hamburger Museum, das zur Zeit einen großen Anbau vom Stararchitekten Oswald Matthias Ungers erhält. Vom 1817 gegründeten Kunstverein ins Leben gerufen und vom ersten Direktor Alfred Lichtwark mit Hartnäckigkeit zu nationaler Bedeutung geführte Sammlung von Malerei. Ein Rundgang beginnt bei den alten Meistern, so bei den Altären von Meister Bertram und Meister Franck. Von ihnen führt der Weg lückenlos durch die Kunstgeschichte bis zur amerikanischen Pop-art und der Gegenwartskunst. Rembrandt ist ebenso vertreten wie Claude Lorrain, Giambattista Tiepolo wie Francisco de Goya. In Hamburg einmalig zu Hause sind die beiden deutschen Romantiker Philipp

Otto Runge (»Die Hülsenbeckschen Kinder«) sowie sein berühmterer Zeitgenosse Caspar David Friedrich. Die impressionistische Schule verkörpert am überzeugendsten Edouard Manet (»Nana«), den Expressionismus führen die Künstlergruppen »Brücke« und »Blauer Reiter« vor.

Die Kunsthalle ist bemüht, ihre Sammlung durch Gegenwartskunst zu ergänzen. Werke von Arnulf Rainer, Sigmar Polke oder Gerhard Richter wurden teils durch Spenden finanziert. Hanne Darboven ist ebenso zu besichtigen wie Jörg Immendorff, Markus Lüpertz wie A. R. Penck, Markus Oehlen, Wolfgang Tübke oder Konrad Klapheck. Eine Skulpturenabteilung mit Werken von Wilhelm Lehmbruck bis Eduardo Paolozzi ergänzt den Versuch, zeitgenössische Kunst in die Hansestadt Hamburg zu transportieren, ebenso die eigene Sektion »Vom Bild zum Material – vom Material zum Objekt«, in der so unterschiedliche Künstler wie Man Ray und Ulrich Rückriem auftauchen.

Die Hamburger Kunsthalle veranstaltet durchschnittlich zwei Sonderausstellungen im Jahr, die international beachtet werden. Im Museum ist das »Cafe Liebermann« untergebracht, das ebenfalls einen Besuch wert ist. *Di–So 10–18 Uhr, Do bis 21 Uhr, Eintritt 6 Mark, Glockengießerwall, alle U- und S-Bahnlinien Hauptbahnhof*

Hamburger Museum für Archäologie (Helms-Museum) (O)
Hier wird die Vor- und Frühgeschichte des Hamburger Raumes und die Geschichte Harburgs dargestellt. »Panorama der Jahrtausende«. *Di–So 10–17 Uhr, Eintritt 6 Mark, Museumsplatz 2, (Harburg), S 3, S 31 Harburg-Rathaus*

Hamburgisches Architekturarchiv (O)
Zeugnisse zur Geschichte der Baukunst in Hamburg. *Besichtigung nur nach telefonischer Anmeldung, Tel. 691 38 36, Bramfelder Straße 138, U2 Habichtstraße*

Hamburgisches Museum für Völkerkunde (O)
Was die Überseefahrer alles von ihren Reisen mitbrachten, ergab den Grundstock für dieses Exotenmuseum. Von Afrika über die Südsee bis nach Neuseeland oder zu den Eskimos reicht diese ethnologische Sammlung. Bemerkenswerte Museumsgaststätte »Saliba«. *Di–So 10–18 Uhr, Do bis 21 Uhr, Eintritt 8 Mark, Rothenbaumchaussee 64, U1 Hallerstraße*

Jenischhaus (O)
Ehemalige Sommerresidenz des Hamburger Senators und Bankiers Martin Johann Jenisch. Architekten der zwischen 1831 und 1834 erbauten klassizistischen Villa waren Karl Friedrich Schinkel und Franz Gustav Joachim Forsmann. Das Museum mit Elbblick demonstriert großbürgerliche hanseatische Wohnkultur. Besichtigungen finden in Filzlatschen statt! Im Park läßt sich gut picknicken, mit Blick auf das andere Elbufer und den Containerhafen. *April–Okt. 10–17 Uhr, Nov.–März 10–16 Uhr, Eintritt 3 Mark, Baron-Voght-Str. 50, S 1, S 11 Klein Flottbek*

Mineralogisches Museum der Universität (O)
Mineralien, Meteoriten, Bernstein – alles, was die Erde zu bieten hat. *Mi 15–19 Uhr, jeden 1. So im Monat 10–13 Uhr, Eintritt frei, Grindelallee 48, U2, U3 Schlump*

Museum der Arbeit (O)
Jüngstes Hamburger Museumsprojekt in den Gebäuden der ehemaligen »Hamburg-New Yorker Gummiwaaren-Fabrik«. Es werden Stadtrundgänge und Hafenfahrten angeboten. Da das Museum sich immer noch im Aufbau befindet, ist z. Zt. nur »Druckerwerkstatt« geöffnet, interessant für Kinder. *Mo 18–21 Uhr, Eintritt frei, Tel. 29 84-23 64, Maurienstraße 19, S 1, U2, U3 Barmbek*

Museum für Bergedorf und die Vierlande (O)
Regionalgeschichte und Bauernkultur im alten Bergedorfer Schloß. *Tgl. außer Mo und Sa 10 bis 17 Uhr, Erwachsene 1,50 Mark, Kinder 0,50 Mark, Bergedorfer Schloß, S 2, S 21 Bergedorf*

Museum für Hamburgische Geschichte (D 4)
★ Einer der schönsten Hamburger Museumsbauten, 1922 von Fritz Schumacher erbaut. Modelle von der Hammaburg bis zur Gegenwart. Besonders aufschlußreich das große Modell des Hamburger Doms, den die Hamburger während der Franzosenbesatzung in den Jahren 1806/1807 abgerissen haben. Dokumente zur Kultur des Bürger-

Hamburger Besonderheit: der Museumshafen Övelgönne

turms, zweistöckige Kaufmannsdiele und Wohnzimmer. Hafenmodelle. Besonders beliebt: die Eisenbahnanlage (z. Zt., im Mai 1996, allerdings gesperrt). Für Kulturmüde gibt es das äußerst lohnende *Café Fees* mit seinem glasüberdachten Innenhof *(Café: Di–So 10–22 Uhr). Di–So 10–17 Uhr, So 10–18 Uhr, Eintritt 6 Mark, Holstenwall 24, U3 St. Pauli*

Museum für Kunst und Gewerbe **(I 4)**
★ 1877 unter seinem ersten Direktor Justus Brinckmann eröffnet mit der erklärten Zielsetzung, die »Anschauung der besten Hervorbringungen aller Zeiten und Länder« zu fördern. Japanisches Handwerk und bäuerliche Kultur der Vierlande gehörten von Anfang an gleichberechtigt zusammen. Europäisches Kunsthandwerk vom Mittelalter bis zur Gegenwart ist ebenso vertreten wie ägyptische, etruskische, römische oder islamische Kunst. Möbel und Interieur bilden einen Schwerpunkt. Besonders sehenswert: die Jugendstilabteilung mit dem »Pariser Salon«, erworben auf der Weltausstellung von 1900. Fotografie- und Plakatesammlung. Sehr zu empfehlen: Gaststätte »Destille«. *Di–So 10–18 Uhr, Do bis 21 Uhr, Eintritt 6 Mark, Steintorplatz 1, alle U- und S-Bahnlinien Hauptbahnhof*

Museumshafen Övelgönne **(O)**
★ Sammlung seetüchtiger Schiffe, unterhalten von der privaten »Vereinigung zur Erhaltung segelnder Berufsfahrzeuge«. *Jederzeit zugänglich, Eintritt frei, Neumühler Kai, Bus 112 ab Bahnhof Altona*

Rickmer Rickmers **(D 6)**
Die historische Dreimastbark liegt an den Landungsbrücken vor Anker. Der Windjammer wurde 1896 gebaut. Die Masten sind stolze 53 Meter hoch, und mit der Segelfläche von maximal 3500 Quadratmetern konnten 3000 Tonnen Fracht befördert werden. Original eingerichtete Kabinen, mit Kombüse und echtem Seemannsklo. An Bord ist ein Restaurant. Die Rickmer Rickmers steht auch für private Gesellschaften zur Vermietung. Viele Firmen nutzen diese Gelegenheit für hafennahe PR-Veranstaltungen mit deftiger Seemannsverpflegung. *Tgl. 10–17.30 Uhr, Eintritt 4 Mark, Brücke 1, Fiete-Schmidt-Anleger, S 1, S 2, S 3, U3 Landungsbrücken*

Vierländer Freilichtmuseum Rieck-Haus **(O)**
Nostalgisch: mit typischem Hof der Elbmarschen. *April–Okt. Di bis So 10–17 Uhr, Nov.–März 10 bis 16 Uhr, Eintritt 3 Mark, Curslacker Deich 284, S 2, S 21 Bergedorf und Bus 125, 225*

Tabakhistorische Sammlung Reemtsma **(O)**
Oase für den geschmähten Raucher. Interessante Details zur Herkunft, Verarbeitung und Mischung verschiedener Tabaksorten. *Führung nach Voranmeldung, Tel. 82 20 15 42, Parkstraße 51, S 1, S 11 Othmarschen*

Zoologisches Museum der Universität **(O)**
Nachfolger des alten Naturhistorischen Museums. Der Besuch lohnt. *Di–Fr 9–18 Uhr, Eintritt frei, Martin-Luther-King-Platz 3, U2, U3 Schlump*

SPAR
Frische Sylter Austern 2.50
Verzehrpreis, Stck.

Wohin gehen wir essen?

Hamburg sei das Tor zur Welt, heißt es. Und das stimmt jedenfalls für die Hamburger Küche. Die hat sich in den letzten Jahren dem Einfluß ferner Länder weit geöffnet

Labskaus, rote Grütze und Fisch bis zum Abwinken – so mag sich der Binnenländer die Hamburger Küche vorstellen. Das ist natürlich nicht der Fall. Die Hamburger aßen, wenn sie denn schon im Restaurant aßen, bis vor einigen Jahren hauptsächlich das, was man »international« oder »gutbürgerlich« nannte. Diese schlimme Unsitte hat sich in den späten achtziger Jahren – wie fast überall in Deutschland – Gott sei Dank ausgebürgert. Es gibt inzwischen eine ganz erhebliche Zahl guter bis sehr guter Restaurants, und wenn sie tatsächlich international kochen, dann im besten Sinne. Am stärksten sind auch hier die Italiener vertreten, doch sie bekommen zunehmend Konkurrenz aus dem Orient und aus Asien. Die neue, leichte, regional orientierte deutsche oder österreichische Küche wird ebenfalls vorgeführt, und es gibt sogar, staunenswerterweise, ein paar Lokalitäten, die sich der eingesessenen Alt-Hamburger Küche verpflichtet fühlen, ohne den Gast mit Unverdaulichem zu traktieren.

Obwohl Hochseefisch heutzutage quer über den Erdball reist, kommt er in Hamburg doch eine Idee früher an als in München oder Baden-Baden. Da ist es eigentlich jammerschade, daß die Auswahl an empfehlenswerten Fischrestaurants nicht so groß ist, wie sie angesichts der Versorgungslage sein könnte. Frischen Fisch zuzubereiten ist eine heikle Sache, und nicht jeder Koch hat ein Händchen dafür. Trotzdem gibt es eine Handvoll guter Adressen.

Was der Hamburger in seinen eigenen vier Wänden auftischt, läßt sich am Ende des zwanzigsten Jahrhunderts unmöglich mehr auf einen Nenner bringen. So, wie Thomas Mann die Tischsitten der reichen hanseatischen Kaufmannsfamilien um die Jahrhundertwende geschildert hat, geht es wohl nur noch in Ausnahmefällen zu. Damals bogen sich offenbar die Tische unter der Last fetter Bra-

Hummer, Austern oder Lachs – Fisch kommt frisch auf den Tisch. Beliebt: der Edelimbiß im Hanseviertel

ten, mächtiger Soßen und üppiger Nachspeisen, begleitet von schwerem Rotspon und Zigarrenduft. Das einfache Volk hielt sich an dicke Bohnensuppe mit Birnen und Speck, Hamburger Aalsuppe oder gönnte sich ein »Rundstück warm« (für Nicht-hamburger: eine aufgeschnittene Semmel mit einer warmen Scheibe Braten und viel Soße dazwischen). Letztere Spezialität ist leider so gut wie ausgestorben und von dem übermächtigen »Hamburger« an den Rand der Bedeutungslosigkeit verdrängt worden.

Lange Tradition hat in Hamburg der Verzehr von Austern und Kaviar; wer es sich leisten kann, bekommt sie heutzutage an jeder besseren Ecke angeboten. Und was den Labskaus angeht, der so unappetitlich daherkommt und doch so gut schmeken kann, sofern er mit Verstand zubereitet wird: Es gibt ein Erzeugnis in Dosen, das man getrost mitnehmen und zu Hause probieren kann.

Manchmal viel wichtiger als die Qualität der Küche ist in Hamburg die Lage des Restaurants. Ein Blick über die Außenalster ist da höchstens noch von einem Blick über den Hafen zu schlagen.

Eine Hamburger Besonderheit sind die zahlreichen überdachten Passagen, und in beinahe jeder findet sich ein Edel-Stehimbiß. Hummer gehen in einer Zahl über den Tresen, daß man manchmal meinen möchte, es seien Matjesbrötchen. Wenn es sie denn schon gibt, die vielbeschworene Lust am Luxus, dann läßt sie sich hier finden. Das Preisniveau in den Hamburger Restaurants ist nicht niedrig,

MARCO POLO TIPS FÜR RESTAURANTS

1 Bobby Reich
Schönwetter-Treff, Bootssteg mit bestem Blick über die Außenalster (Seite 51)

2 Rive
Spektakulärer Hafenblick (Seite 53)

3 Daniel Wischer
Fisch satt (Seite 49)

4 Das Dorf
Weinstube in Schauspielhausnähe (Seite 51)

5 Hsie Lin Men
Nach Ansicht von Fachleuten Deutschlands bester Chinese (Seite 49)

6 Saliba
Extravagantes Ambiente für syrisch-libanesische Küche (Seite 54)

7 Schlachterbörse
Wenn's direkt an der Quelle nicht schmeckt, wo dann? (Seite 54)

8 Le Plat du Jour
Bistroküche der gehobenen Art. Treffpunkt der erfolgreichen Business-Welt (Seite 52)

9 Weinhexe
Mittags von Journalisten und Versicherungsagenten frequentierter italienischer Imbiß (Seite 54)

wie in allen Großstädten, aber es ist andererseits auch nicht übertrieben hoch. Ein Laden, der unverschämt überteuert ist, kann sich in dieser Stadt der Kaufleute auf Dauer kaum halten. Aber daß man für ein gutes Essen zu zweit leicht hundert Mark auf den Tisch blättern kann – damit sollte man schon rechnen.

Welche Restaurants, Cafés oder Kneipen gerade überproportionalen Zuspruch erfahren, ist nicht vorherzusehen. Deshalb gibt es auch keine generelle Empfehlung, wann man reservieren muß. Allgemein gilt: Je höher die Preise, desto eher empfiehlt sich ein Anruf einen halben bis zwei Tage im voraus. Wo es noch länger ausgebucht sein sollte, ist für den Hamburgtouristen ohnehin kein Platz. Es lohnt sich nicht, Tränen hinterherzuweinen. Wie in den meisten Großstädten geht man in Hamburg relativ spät ins Restaurant. Deshalb ist die Chance, einen Tisch um die Mittagszeit oder am frühen Abend zu bekommen, groß genug. Auf förmliche Kleidung wird meistens kein besonderer Wert gelegt. Ausnahme: die bekannten Hotelrestaurants und die Etablissements der Luxuskategorie. Dort herrscht meistens Krawattenzwang.

CAFÉS, SNACKBARS, IMBISSE

Alsterpavillon **(G 4)**
Schon der sechste Pavillon an dieser Stelle. In den letzten Jahren mehrfach renoviert und unter wechselnder Führung. Die Zukunft wird es weisen. *Tgl. 9 bis 23 Uhr, Jungfernstieg, S 1, S 2, S 3, U1, U2 Jungfernstieg*

Andersen **(F 4)**
Märchenhafte Torten, dem Trend der Zeit folgend ohne Chemie und mit wenig Zucker. *Mo–Sa 8–18.30 Uhr, Do bis 20.30 Uhr, So ab 9 Uhr, Jungfernstieg 36 (Hamburger Hof), S 1, S 2, S 3, U1, U2 Jungfernstieg*

Bier- und Kaffeegarten Schuldt **(O)**
Wird hartnäckig als Geheimtip gehandelt. Ist im Sommer aber wirklich sehr nett. Sensationeller Elbblick. *Im Sommer Di–So 14–22, Blankenese-Süllberg, Süllbergterrasse/Ecke Schnudt's Treppe, S 1, S 11 Blankenese, Bus 48 bis Krumdal*

Café Gnosa **(I 3)**
Ursprünglich gedacht als Treffpunkt für Männer, die Männer lieben; heute auch Heteros zugänglich. Charmante Einrichtung aus den Fünfzigern, Frühstücksbuffet. *Mo 18–2, Di–So 11–2 Uhr, Lange Reihe 93, DB, alle S- und U-Bahnlinien Hauptbahnhof*

Café Lindtner **(O)**
Nicht totzukriegen. So hat es der Liebhaber von Samt, Plüsch und feinem Kuchen gern. Geeignet für alle Eppendorfer Bevölkerungsschichten. *Mo–Sa ab 8.30 Uhr, So ab 10 Uhr, Eppendorfer Landstraße 88, U 1, U 3 Kellinghusenstraße*

Café Schöne Aussichten **(E 3)**
Die schöne Aussicht gilt dem Alten Botanischen Garten. Viel junges Volk, vor allem am Wochenende zum Brunch. *April bis Okt. tgl. 10–24 Uhr, Nov.–März nur Sa, So 10–18 Uhr, Gorch-Fock-Wall 2, U 1 Stephansplatz, DB, S 11, S 21, S 31 Dammtorbahnhof*

Condi **(F 3)**
Feiner geht's in Hamburg nicht: Das Café im Vier Jahreszeiten ist dem Hotelstandard angemessen. Die Preise sind es auch. *Mo bis Sa 10.30–18.30 Uhr, Neuer Jungfernstieg, S 1, S 2, S 3, U1, U2 Jungfernstieg*

Destille **(I 4)**
Ruhige Oase im Hamburger Museum für Kunst und Gewerbe. *Di–Fr 10–16 Uhr, Do bis 20 Uhr, Sa, So 11–17 Uhr, Steintorplatz 1, DB, alle S- und U-Bahnlinien Hauptbahnhof*

Fischkajüte **(C 6)**
Direkt auf den Landungsbrükken mit dem Hafenwasser zu Füßen und Blick auf Containerschiffe. Jede Menge Touristen, aber das macht nichts. *Di–So 10 bis 18 Uhr, Brücke 5, S 1, S 2, S 3, U3 Landungsbrücken*

Katelbach **(O)**
Alteingesessenes Café-Bistro, im Herzen Ottensens gelegen. Eigene Kaffeerösterei. Kunst kann direkt von der Wand gekauft werden. *Mo–Fr 17–1 Uhr, Sa 16 bis 1 Uhr, So 15–1 Uhr, Große Brunnenstraße 60, S 1, S 2, S 3, S 11, S 21, S 31 Altona*

La Fattoria **(O)**
Ein Steh-Italiener der gehobenen Kategorie. Die feinsten Grappa, die edelsten Zutaten sind gerade gut genug. Gewogen wird in Gramm, abgerechnet wie in der Apotheke. *Di–Fr 10 bis 18.30 Uhr, Sa 9–14 Uhr, Isestraße 16, U3 Hoheluftbrücke*

Strandperle **(O)**
Nirgendwo hört man die Schiffe besser tuten, sieht man mehr Schäferhunde, Punks und Kleinkinder auf einem Haufen, steht das Publikum so geduldig für eine Bratwurst oder ein Stück Kuchen an. Die Lage direkt am Elbstrand macht es. Bei gutem Wetter überfüllt, bei Sturmflut Land unter. *Ostern bis Ende September tgl. 13–22 Uhr, Schulberg, Bus 112 Neumühlen, Bus 36 Hohenzollernring ab Altona*

Witthüs Teestuben **(O)**
Draußen im Westen mitten im Hirschpark gelegen. Berühmt für »Qualle auf Sand«. *Mo–Sa 14–18 u. 19–23 Uhr, So 10–18 u. 19–23 Uhr, Elbchaussee 499 a, S 1, S 11 Blankenese*

RESTAURANTS KATEGORIE 3

(Essen für eine Person etwa 30 Mark)

Ahrberg **(O)**
Direkt am Blankeneser Strandweg gelegen mit kleinem Garten zur Elbe hin. Handfest und im guten Sinne bürgerlich. *Mo–Sa 11–24 Uhr, Strandweg 33, Tel. 86 04 38, S 1, S 11 Blankenese, Bus 48*

Arang **(G 5)**
Korearestaurant für Koreaner. Familiäre Atmosphäre. *Mo–Fr 12–15 Uhr und 18–23 Uhr, Sa ab 18 Uhr, Tel. 32 79 06, Kleine Reichenstraße 16, U1 Meßberg*

Blaue Blume **(O)**
Äußerst günstig von asiatisch bis hamburgisch rustikal. Zu den Hauptspeisezeiten voll. *Tgl. 17 bis 1 Uhr, Gerichtstraße 49, Tel. 38 58 69, S 1, S 2, S 3, S 11, S 31 Altona, S 11, S21, S31 Holstenstraße*

Casa de Aragón **(O)**
Ein wenig eng und ein wenig wackelig auf den Stühlen ist es schon, das spanische Essen dafür auch mit kleinen Scheinen zu bezahlen. *Tgl. 18–24 Uhr, Eppendorfer Weg 240, Tel. 420 29 03, Bus 102 Eppendorfer Weg*

Eisenstein **(O)**
Designerambiente in einer ehemaligen Fabrikhalle. Wen das Publikum und der unglaubliche Lärmpegel nicht stören, kann die wirklich hervorragende Holzofenpizza ungestört genießen. Das geht mittags besser als abends, wenn die Cabriofahrer einfallen. *Tgl. 11–24 Uhr, Friedensallee 5, Tel. 390 46 06, S 1, S 2, S 3, S 11, S 31 Altona*

Daniel Wischer
★ Fisch, wie er schlichter nicht zuzubereiten ist, also Goldbarsch fritiert mit Kartoffelsalat oder ähnliches. Sensationell günstiger Preis. Wo sonst gibt es zum Beispiel »Scholle satt mit Beilage« für unter 20 Mark? Die Inneneinrichtung konserviert konsequent die frühen sechziger Jahre. Dreimal in Hamburg vertreten. *Mo–Fr 10–19.30 Uhr, Sa 10–15 Uhr, Spitaler Straße 12* **(H 4)**, *Steinstraße 15 a* **(H 5)**, *Ottenser Hauptstraße 27* **(O)**, *Tel. 389 13 60, alle S- und U-Bahnlinien Hauptbahnhof, S 1, S 2, S 3, S 11, S 31 Altona*

Galerie Tolerance **(B 2)**
Ehemals ein Bordell, heute ein heißer Tip für Freunde thailändischer Küche. Besonders gut: die Zitronengrassuppe. *Di bis So 18–24 Uhr, Tel. 43 73 30, Lerchenstraße 103, S 11, S 21, S 31 Holstenstraße*

Gestern und Heute **(E 4)**
Wie der Name schon sagt: Speisen und Getränke bekommt man hier zu jeder Tages- und Nachtzeit. Alles das wird allerdings etwas lieblos präsentiert. Die niedrigen Preise gleichen diesen Nachteil jedoch wieder aus. *24-Stunden-Service, Kaiser-Wilhelm-Straße 55, Tel. 34 49 98, U2 Gänsemarkt, Messehallen*

Hsie Lin Men **(A 5)**
★ Nach Auskunft des renommierten Gault-&-Millau-Führers Deutschlands bester Chinese. Kantonesische Küche, in der auch Quallen, Haifischflossen und Eingeweide nicht verschmäht werden. Für Wagemutige: Entenfüße mit Speck umwickelt. *Tgl. 12–1 Uhr, Nobistor 14, Tel. 319 55 10, S 1, S 2, S 3 Reeperbahn, U3 St. Pauli*

Jena Paradies **(I 5)**
Idealer Mittagsstopp nach einem Besuch der Deichtorhallen. Kleine Karte, große Geräuschkulisse, das soll so sein. *Tgl. 11–24 Uhr, Tel. 32 70 08, Klosterwall 23, U1 Steinstraße*

La Rioja **(C 2)**
Ein Spanier der schlichten Art, benannt nach dem bekanntesten Weinanbaugebiet Iberiens. *Tgl. 18–24 Uhr, Tel. 43 42 96, Schanzenstraße 72, S 11, S 21, S 31, U3 Sternschanze*

La Sepia **(B 1)**
Fisch und Meeresfrüchte auf spanisch-portugiesische Art. Achtung: Die Kühe ist deftig und mit reichlich Knoblauch. *Di–So 12–3 Uhr, Mo 16–3 Uhr, Tel. 432 24 84, Schulterblatt 36, S 11, S 21, S 31, U3 Sternschanze*

Malaria **(B 2)**
Für jeden, der bei lauter Popmusik zur Einnahme von kleinen Speisen in der Lage ist. Im Malaria ist auch zu unkonventioneller Zeit Gelegenheit dazu. *Mo–Fr 19–4 und Sa/So 19–8 Uhr, Eimsbüttler Chaussee 52, Tel. 43 50 79, S 11, S 21, S 31 Holstenstraße, U2 Christuskirche*

News **(E 4)**
Ebenso hölzern wie eigenwillig eingerichtetes Lokal in unmittelbarer Nähe des Springer-Verlags, das neben preiswertem Essen ein umfangreiches Zeitungs- und Zeitschriftenstudium zuläßt. *Mo–Do 10.30–2 Uhr, Fr 10–4 Uhr, Sa 19–6 Uhr, So 19–2 Uhr, Kaiser-Wilhelm-Straße 51, Tel. 34 63 39, U2 Gänsemarkt*

Nil **(B 3)**
Ehemaliger Schuhladen im 50er-Jahre-Look mit guter ambitionierter Küche. Jung, witzig, stark frequentiert. Mit kleinem Garten im Hinterhof. *Tgl. 18.30 bis 23.30 Uhr, Neuer Pferdemarkt 5, Tel. 439 78 23, U3 Feldstraße*

Old Commercial Room **(D 5)**
So ungefähr stellt sich der Hamburgbesucher ein norddeutsches Lokal vor: maritim, daß es nur so knarrt. Berühmt für Labskaus und andere Gerichte vom »Captain's Table«, die auch in Dosen verkauft werden. *Mo–Do 16–1 Uhr, Fr–So 12–1 Uhr, Englische Planke 10, Tel. 36 63 19, U3 Baumwall*

Olympisches Feuer **(B 1)**
Der Grieche im Herzen des Schanzenviertels hat vor allem Spezialitäten aus seinem Heimatland im Angebot. Schmeckt trotzdem. *So–Do 12–2, Fr und Sa 12–4 Uhr, Schulterblatt 38, Tel. 43 55 97, S 11, S 21, S 31, U3 Sternschanze*

Phuket **(O)**
Nichts Aufregendes, nichts Besonderes, aber anständige thailändische Küche zu maßvollen Preisen. *Mo–Fr 17–24 Uhr, Sa und So 12–24 Uhr, Tel. 632 11 67, Fuhlsbüttler Straße 306, S 1, S 11 Rübenkamp*

Schachcafé & Restaurant **(O)**
Schönes und ausgefallenes Schachcafé, stilvoll im ehemaligen Treppenaufgang des S-Bahnhofs Rübenkamp untergebracht, preiswert. *Mo–Fr 9–4 Uhr, Sa und So rund um die Uhr, Rübenkamp 227, Tel. 630 07 60, S 1, S 11 Rübenkamp*

RESTAURANTS KATEGORIE 2

(Essen für eine Person etwa 50 Mark)

A Hereford Beefstouw **(G 5)**
Aufwendige Inneneinrichtung und Beschränkung auf das Wesentliche, als da sind: Steak und Salat. Charmante dänische Bedienung. *Mo–Fr 11.30–23 Uhr, Sa 18–23 Uhr, So 18–22 Uhr, Schopenstehl 32, Tel. 32 18 85, U1 Meßberg, S 1, S 2, S 3, U1, U2 Jungfernstieg*

Alte Flöte **(H 3)**
Gut versteckt, klassisch eingerichtet und mit einer sehenswerten Speisekarte ausgestattet, liegt dieses kleine Restaurant in unmittelbarer Nähe des Hauptbahnhofs. *Tgl. 18–24 Uhr, Koppel 6, Tel. 280 29 65, alle S- und U-Bahnlinien Hauptbahnhof*

Bobby Reich **(O)**

★ ✺ ✪ Die Moden kommen und gehen auch in Hamburg schnell, doch die Gaststätte »Fernsichtbrücke« (bekannter als Bobby Reich) an der Fernsicht bleibt stets das, was sie immer war: ein Bootssteg für jedermann mit dem besten Blick über die Außenalster, den es gibt. Wer bei gutem Wetter einen Platz ergattert hat, kann stundenlang sitzen bleiben. Muß er auch, denn schneller kommt die Bedienung nicht nach. Das Essen ist eigentlich nicht der Rede wert, aber darauf kommt es hier auch nicht an. Matjes und Bratkartoffeln gibt es allemal. *Tgl. 10–24 Uhr, Fernsicht 2, Tel. 48 78 24, Bus 106, 108 Gertigstraße, Bus 109 Harvestehuder Weg*

Brücke **(O)**

✪ ✝ Mittlerweile eine Institution für Werbetreibende, Fotomodelle und solche, die es noch werden wollen. Man muß nicht schwarz gekleidet sein, wenn man hier ißt, obwohl es so aussehen könnte. Abends Menüs für 48 Mark. Empfehlenswert auch der Mittagstisch. *Mo–Sa 12 bis 2 Uhr, So 19–2 Uhr, Innocentiastraße 82, Tel. 422 55 25, U3 Hoheluftbrücke*

Cuneo **(B 5)**

✪ Selbst wenn er seine beste Zeit schon hinter sich hat – egal: Cuneo ist unverändert *die* Adresse auf dem Kiez. Stets gerammelt voll. Die Musicbox steht unter Denkmalschutz. Herren gehen besser in Begleitung, die Damen am Wege locken. *Mo–Sa 18–2 Uhr, Davidstraße 11, Tel. 31 25 80, S 1, S 2, S 3 Reeperbahn, U3 St. Pauli*

Dal Fabbro **(O)**

Man sollte meinen, dies sei ein Schnöselitaliener, denn die Lage auf der Blankeneser Bahnhofstraße legt den Schluß nahe. Stimmt nicht, und das Essen ist auch nicht schlecht. Im Sommer wird draußen im Hinterhof bedient. *Tgl. 12–15, 18–23 Uhr, Blankeneser Bahnhofstraße 10, Tel. 86 89 41, S 1, S 11 Blankenese, Bus 48*

Das Dorf **(I 3)**

★ Für Nichteingeweihte kaum zu finden, weil kein Schild den Weg weist. Das Dorf ist eine Weinstube, untergebracht im Keller und mit einer bemerkenswerten Speisekarte. Wer kurz nach Öffnung kommt, findet immer einen Platz, und die Küche ist auch noch nicht überfordert. Spätestens wenn die Vorstellung im nahe gelegenen Schauspielhaus zu Ende ist, ändert sich das. *Mo–Sa 18.30–2 Uhr, Lange Reihe 39, Tel. 24 56 14, alle U- und S-Bahnlinien Hauptbahnhof*

Etrusker **(O)**

Italienische Küche im Uni-Viertel. *Mo–Fr 12–15, 18–24 Uhr, Sa 12–24 Uhr, Tel. 410 13 05, Grindelhof 43, U1 Hallerstraße*

Factory **(O)**

✪ ✝ In einer ehemaligen Tabakfabrikhalle, neu gestaltet mit freundlichem Holzinterieur. Mit Sommergarten und gutem Frühstücksbuffet. *Mo–Sa 10–2 Uhr, So 9.30–2 Uhr, Hoheluftchaussee 95, Tel. 420 37 11, U3 Hoheluftbrücke*

Fischerhaus **(B 6)**

Einen Katzensprung vom Fischmarkt entfernt bietet das traditionsreiche Fischerhaus grundsolide Fischgerichte in der mittleren Preiskategorie. Beliebter Mittagstreff für Schiffahrtskaufleute. Trotz des wortwörtlich schlichten Ambientes ist das Personal fachkundig und freundlich. *Tgl. 11–23 Uhr, Fischmarkt 14, Tel. 31 40 53, S 1, S 2, S 3 Reeperbahn/ Königstraße*

Ganzoni **(O)**

Eigentlich kein richtiges Restaurant, sondern ein Partyservice samt angeschlossenem Delikatessengeschäft. Es gibt auch nur ganz, ganz wenig Stehplätze sowie im Sommer ein paar Tische im Innenhof. Trotzdem ist Ganzoni schwer beliebt. Hier kann »der Eppendorfer« in Reinkultur bewundert werden. *Mo–Fr 10–18.30 Uhr, Sa 10–15 Uhr, Eppendorfer Landstraße 61, Tel. 47 38 55, U 1 Kellinghusenstraße*

Gino Carone **(O)**

Mit Weinhandel fing er an. Heute findet in der umgebauten Lagerhalle zwischen unwirtlichen Fabrikarealen ein regelrechter Restaurantbetrieb statt. Das Essen ist weiter nicht bemerkenswert, dafür um so mehr die Atmosphäre. Zu fortgeschrittener Stunde dröhnt Puccini aus den Lautsprechern. *Mo–Sa 12 bis 16, 19–24 Uhr, So 18–24 Uhr, Ruhrstraße 60, Tel. 850 66 88, S 3, S 21 Diebsteich*

La Mirabelle **(E 2)**

Provenzalisch orientiertes Restaurant in der Nähe des Dammtorbahnhofs. *Di–Fr 12–14, 18.30 bis 23 Uhr, Sa 18.30–23 Uhr, Bundesstr. 15, Tel. 410 75 85, DB, S 21, S 31 Dammtorbahnhof*

Le Paquebot **(G 4)**

Gewissermaßen die Kantine im Gebäude des Thalia-Theaters, im Art-déco-Stil eingerichtet. Leichte Küche und nicht einmal teuer. Mittags voll, abends vor und nach den Vorstellungen erst recht. Qualität des Essens durchaus schwankend. *Mo–Sa 12 bis 16 u. 18–1 Uhr, So 18–1 Uhr, Gerhart-Hauptmann-Platz 70, Tel. 32 65 19, S 1, S 2, S 3, U1, U2 Jungfernstieg*

Le Plat du Jour **(G 5)**

★ Zur Zeit *der* Renner unter Hamburgs Bankern, Brokern und anderen wichtigen Leuten. Patron Jacques Lemercier (auch »L'Auberge Française«) bürgt für gehobene Bistroküche. *Mo–Sa 12–22 Uhr, Dornbusch 4, Tel. 32 14 14, U3 Rathaus*

Marinas

Die einen finden's fantastisch, die anderen furchtbar, Essen ist eben auch Geschmackssache. *Mo–Fr 12–15, 18–23 Uhr, Sa, So 18–23 Uhr, Schellendamm, Harburg, Tel. 765 38 28, S 3 Harburg*

Mezzanotte **(O)**

Einer der sogenannten Edelitaliener. Wer die Schwellenangst überwindet, kann sich je nach Saison zum Beispiel auf ein Trüffelrisotto freuen. *Tgl. 18 bis 23.30 Uhr, Eppendorfer Landstr. 61, Tel. 48 44 42, U1, U3 Kellinghusenstr.*

Österreich **(O)**

Exilwiener, von denen es in Hamburg eine ganze Reihe gibt, bekommen hier feuchte Augen: alles wie daheim in der Donaurepublik. *Di–Sa 11.30–14.30 Uhr, 18–24 Uhr, Martinistr. 11, Tel. 460 48 30, U1, U3 Kellinghusenstr.*

Beliebter Jugendtreff: Fiedler's

Paolino **(G 2)**
Nur die Aussicht auf die Alster ist grandios, Küche und Service sind das Gegenteil. Insgesamt: *der* Treffpunkt für masochistisch veranlagte Prominente und solche, die sich dafür halten. Das Café auf dem Bootssteg wird nicht vom Chef betrieben, was oft zu Mißverständnissen führt, besonders an lauen Sommerabenden. *Di–So 12–15, 18–23 Uhr, Alsterufer 2, Tel. 44 21 50, S 11, S 21, S 31 Dammtorbahnhof*

Ristorante Massimo **(D 6)**
Stets gefüllt mit Angestellten des benachbarten Großverlags Gruner + Jahr. *So–Fr 12–24 Uhr, Sa 18–24 Uhr, Karpfangerstr. 20, Tel. 31 44 73, U 3 Baumwall*

Rive **(O)**
★ Spektakulärer Blick auf die Anlegemanöver der Englandfähre. Auch die Inneneinrichtung kann sich sehen lassen, nur die Akustik ist gewöhnungsbedürftig. Von Auster bis Zan-

der wird serviert, was im Wasser lebt. *Tgl. 12–24 Uhr, Van-der-Smissen-Straße 1, Tel. 380 59 19, Bus 112*

Saliba

★ Syrisch-Libanesische Küche in edel. Für den überzeugten Nichtraucher und gemäßigten Vegetarier. Gerade deswegen schwer beliebt. Beachtenswerter Fliesenboden. Besonders empfehlenswert ist die vielseitige Kombination unterschiedlichster Vorspeisenvariationen. Inzwischen gibt es auch einen Stehimbiß in der Steinstraße und eine weitere Saliba-Dependance in den Alsterarkaden. *Tgl. 12–24 Uhr, Leverkusenstr. 54* **(O)**, *Tel. 85 80 71, Bus 111; Mo–Sa 11–18.30, Steinstr. 27a,* **(H 5)**, *Tel. 33 19 56, U1 Meßberg; Mo–Sa 11–18.30, Neuer Wall 13,* **(F 4)**, *Tel. 33 19 56, S 1, S 2, S 3, U1, U2, Jungfernstieg*

Schilleroper **(B 3)**

Bar-Restaurant. Extravagant die Einrichtung und die Speisen. Der Trend geht zur Vollwertküche. *Di–Sa 18–23.30 Uhr, Bei der Schilleroper 14, Tel. 439 90 30, U3 Feldstraße, Bus 111*

Schlachterbörse **(C 2)**

★ Zwischen hemdsärmelig und distinguiert, zwischen Ochsenkotelett und Austern schwanken Angebot und Gäste. *Mo–Fr 11–1 Uhr, Sa auf Anfrage, Kampstraße 42, Tel. 43 65 43, U3 Feldstraße*

Schmitz **(O)**

Mischung aus Nouvelle-cuisine und Großmutters Eintopfküche. Die Qualität der Speisen ist nie ganz vorhersehbar. Reservierung wird empfohlen. *So–Fr 12–15, 18–23 Uhr, Maria-Louisen-Straße 3, Tel. 48 41 32, U3 Sierichstraße*

Ventana **(O)**

Gewagte Küchenexperimente zwischen italienisch-griechisch und asiatisch. Wo sonst wird Kaviarpizza serviert? Köche aller Nationen am Werk. Ein Beispiel dafür, daß viele Köche den Brei eben nicht unbedingt verderben müssen. *Mo–Fr 12–14.30, 18.30–23 Uhr, Sa 18–23.30 Uhr, Grindelhof 77, Tel. 45 65 88, U1 Hallerstraße*

Vienna **(B 1)**

Kleines Lokal mit einer wechselvollen Geschichte. Für Freunde feiner neuer Küche und für alle, die es gern voll haben: Die wenigen Tische sind praktisch immer besetzt. *Di–So 19–23.30 Uhr, Fettstraße 2, Tel. 439 91 82, U2 Christuskirche*

Weinhexe **(H 5)**

★ Italienischer Imbiß der hektischen Sorte. Praktisch eine Art Kantine der innerstädtischen Pressehäuser und Versicherungsagenturen. Untergebracht in der architektonisch bedeutsamen Spitze des Chilehauses. Allemal einen Besuch wert. Der Service ist überfordert, aber bewundernswert. *Mo–Fr 11–24 Uhr, im Chilehaus, Burchardstr. 13c, Tel. 33 75 61, U1 Meßberg, Steinstraße*

Zeik **(O)**

Bewährter Treffpunkt der Blassen und Coolen. Asketisches Design, durchaus preiswerter Mittagstisch, der hier natürlich Lunch heißt. *Tgl. 12–24 Uhr,*

Oberstraße 14 a, Tel. 420 40 14, U3 Hoheluftbrücke

RESTAURANTS KATEGORIE 1

(Essen für eine Person bis zu 100 Mark)

Anna e Sebastiano (O)
Weihevoll wird die gehobene italienische Küche zelebriert. Ernste Gespräche und gastronomische Fachkenntnisse gehören unbedingt dazu. Gute Weinauswahl gehobener Preiskategorie. *Di–Sa 19–22 Uhr, Tel. 422 25 95, Lehmweg 30, U3 Hoheluftbrücke, Eppendorfer Baum*

Calla (F 5)
Euroasiatische Küche in Hamburgs jüngstem Luxushotel. Das Interieur ist karg, die Tellerdekoration und das wirklich hervorragende Essen wiegen das reichlich auf. *Di–Sa 18–23 Uhr, Heiligengeistbrücke 4, Tel. 36 80 61 27, U3 Rödingsmarkt, S 1, S 2, S 3 Stadthausbrücke*

Cölln's Austernkeller (G 5)
Hier pflegen hanseatische Kaufleute seit Jahrhunderten ihre Austern zu schlürfen. Schon Heinrich Heine speiste mit seinem Verleger im Séparée. Nach einer Renovierung vom dicken Staub befreit. Die Qualität blieb unverändert. *Mo–Fr 12–15, 18–24, Sa 18–24 Uhr, Tel. 32 60 59, Brodschrangen 1–5, U1 Meßberg, U3 Rathaus*

Das weiße Haus (O)
Sonntagsvergnügen der angenehmen Art: Brunch auf der Terrasse am Övelgönner Museumshafen. Wochentags »Business Lunch«. *Di–Fr 12–22 Uhr, Sa, So 10.30–15, 18–22 Uhr, Tel. 390 90 16, Neumühlen 50, S 1, S 2, S 3, S 11 Altona, dann Bus 112*

Haerlin (F 3)
Begleitet von dezenter Musik und umsorgt von aufmerksamen Kellnern, läßt sich im Restaurant des Hotels Vier Jahreszeiten vornehm und elegant, wenn auch

Cölln's Küchenchef Wolfgang Grobauer höchstpersönlich

Die Gourmettempel von Hamburg

L'Auberge Française **(O)**

Als noch kein Mensch in Deutschland wußte, wie man »foie gras« spricht geschweige denn schreibt, da brachte Jacques Lemercier, der Inhaber dieses Restaurants, sie bereits unter die Leute, und das ausgerechnet in Hamburg. Deshalb gebührt ihm eine Ehrenkochmütze, auch wenn seine an der klassischen französischen Küche orientierte Speisekarte inzwischen ein bißchen antiquiert erscheint. Menü 65–110 Mark. *Mo–Fr 12–14.30, 18.30 bis 22.30 Uhr, Sa 18.30 bis 22.30 Uhr, Rutschbahn 34, Tel. 410 25 32, U1 Hallerstraße*

Landhaus Dill **(O)**

Ältestes der neuen Hamburger Edelrestaurants. Seit kurzem in neuen Räumen, aber immer noch an der Elbchaussee. Fans des Hauses schwelgen über die phantasievollen Zusammenstellungen der Küche, die vor unorthodoxen Einfällen nicht zurückschreckt. Eine Selbstverständlichkeit ist hier die große Weinkarte. Menü 78 Mark. *Di–So 12–23 Uhr, Elbchaussee 94, Tel. 390 50 77, Taxi, alles andere wäre ein Fauxpas*

Landhaus Scherrer **(O)**

Der verstorbene Armin Scherrer gilt als Pionier der feinen norddeutschen Küche. Er erfand zum Beispiel das Matjestatar neu, die Steckrübensuppe und den Ochsenschwanz. Menü 159 und 186 Mark. *Mo–Sa 12–14.30, 18 bis 22.30 Uhr, Elbchaussee 130, Tel. 880 10 11, Taxi*

Le Canard **(O)**

Josef Viehhauser kocht unerbittlich puristisch und geniert sich bei der Preisgestaltung keineswegs. Das Resultat ist umwerfend in jeder Hinsicht, die Speisen praktisch ohne Fehl und Tadel. Seit er aus seinem engen Domizil in Eppendorf an die Elbchaussee gezogen ist, wird die sensationelle Architektur des neuen Restaurants gelobt. Kleiner Wermutstropfen: Im Sitzen sehen die meisten Gäste nichts von der Elbe und dem Hafen. Aber man kommt ja wegen des Essens! Menü 149 und 189 Mark. *Mo–Sa 12 bis 14, 19–22.30 Uhr, Elbchaussee 139, Tel. 880 50 57, Taxi*

Fischereihafen-Restaurant **(A 6)**

Nicht erst seit der Chef Rüdiger Kowalke für Kreditkarten wirbt, sind die Preise in beachtliche Höhen gestiegen. Sehr gediegen und für »wichtigen Geschäftsbesuch« genau richtig. Hier war schon mal der Kanzler zu Gast, um die gerühmten Fischgerichte zu probieren. Auch wenn die Zutaten keineswegs, wie die Legende will, vom Kutter nebenan gekauft werden, zählt das Angebot doch zu den besten der Stadt. *Tgl. 11.30 bis 23.30 Uhr, Große Elbstraße 143, Tel. 38 18 16, Taxi*

etwas steif speisen. Es herrscht, wie sollte es anders sein, Krawattenzwang. *Tgl. 18.30–22.30 Uhr, Neuer Jungfernstieg 9–14, Tel. 349 40, S 1, S 2, S 3, U1, U2 Jungfernstieg*

Il Giardino **(O)**
Der Streit darüber, welcher nun *der* Italiener in Hamburg ist, wird schon seit Generationen ausgetragen. Viele meinen, dieser sei es. Im Sommer ersetzt der abendliche Ausflug ins Il Giardino fast die Urlaubsreise nach Italien. Wunderschöner Garten, umstrittene Küche. Aber witziges Publikum. *Mo–Sa 18–22.30 Uhr, Ulmenstraße 19, Tel. 47 01 47, U1 Hudtwalckerstraße*

La Mer **(O)**
Ein Spitzenrestaurant in einem altehrwürdigen Hotel. Vielleicht die besten Fischgerichte in ganz Hamburg. Leider dauert alles etwas lange. *Di–Fr 12–14, 18–23 Uhr, Sa 18–23 Uhr, An der Alster 9, Tel. 24 17 26, U1 Lohmühlenstraße*

Mühlenkamper Fährhaus **(O)**
Eine Hamburger Institution, in der man Familienfeste wie Hochzeit, Taufe, Konfirmation oder Beerdigungen feiert. *Mo–Fr 12–24 Uhr, Sa 18–1 Uhr, Tel. 220 73 90, Hans-Henny-Jahnn-Weg 1, Bus 108*

Peking Enten Haus **(D 1)**
Alles dreht sich um das berühmte chinesische Rezept. Die Ente kommt dann auch kroß auf den Tisch. Am besten gleich zu viert bestellen. *Tgl. 18–24 Uhr, So auch 12–15 Uhr, Rentzelstraße 48, Tel. 45 80 96, S 11, S 21, S 31, U3 Sternschanze*

Rexrodt **(O)**
In einer ehemaligen Metzgerei mit Jugendstilambiente untergebracht. Sehen und Gesehenwerden sind hier mindestens so wichtig wie das Essen. Das Interieur aus alten Kacheln ist sehenswert. *Tgl. 19–23.30 Uhr, Papenhuder Straße 35, Tel. 229 71 98, U2 Mundsburg*

Shalimar **(O)**
Nordindische Curryspezialitäten und gepflegtes Bier. *Mo–Sa 18 bis 24 Uhr, So 18–23 Uhr, Dillstraße 16, Tel. 44 24 84, U1 Hallerstraße*

Tafelhaus **(O)**
Ein kleines Restaurant mit ebenso kleiner Speisekarte. Weitab von der sogenannten Szene, aber trotzdem hoch gelobt. Der Chefkoch hat Mathematik studiert, was der Kalkulation zugute kommt. Man sollte unbedingt reservieren. *Di–Fr 12–14 und 19 bis 21 Uhr, Sa 19–21 Uhr, Holstenkamp 71, Tel. 89 27 60, S 3, S 21 Diebsteich*

Sehen und Gesehenwerden

Und dann gibt es schließlich diese gewissen Restaurants, in die man geht, weil man da einfach hingeht. Mögen die Nudeln noch so pappig, der Wein noch so schlecht und die Preise noch so hoch sein – Hauptsache der Wirt kennt einen und begrüßt mit Küßchen.

Back-Stube
Gourmet-Shop

Shopping mit Pfiff

Ob internationale Designergeschäfte, traditionelles Handwerk, Spezialitätenläden oder Kuriositätendurcheinander, in Hamburg findet sich praktisch alles

In Hamburg kann man auch bei hundsmiserablem Wetter stundenlang und kilometerweit Schaufenster betrachten, ohne sich die Schuhe zu durchweichen. Wie ein Spinnennetz durchziehen Galerien und Passagen die Innenstadt. Sie wurden seit Ende der siebziger Jahre errichtet und von Mal zu Mal prächtiger. Vom Golfschläger bis zum Papiermesser, vom Seidenschlips bis zum Designerkleid gibt es nichts, was es hier nicht gäbe. An verregneten Wochenenden herrscht bisweilen ein beängstigender Andrang. Allerdings schlendern neun von zehn Besuchern nur so durch die überdachten Konsummeilen, ohne etwas zu kaufen – sehr zum Leidwesen der Geschäftsinhaber.

Rund um den Jungfernstieg, den Gänsemarkt, den Neuen Wall und die Mönckebergstraße liegen die meisten Hamburger Kaufhäuser. Im Alsterhaus und bei Karstadt wetteifert man um die größte Parfümabteilung. Daneben gibt es alteingesessene Herrenausstatter, Boutiquen mit schwindelerregenden Preisen, Billigläden, Feinkostgeschäfte, Buchhandlungen, Plattengeschäfte – eben alles, was es in jeder Großstadt gibt. Vielleicht ist in Hamburg alles noch eine Nummer größer und glänzender als anderswo. Der Mailänder Schriftsteller Giorgio Manganelli jedenfalls war ganz erschlagen, als er die Hansestadt besuchte: »In einer Stadt, die im wesentlichen aus Geschäften besteht, müßte ein Kaufhausdenkmal errichtet werden, etwas, das eine Akropolis, einen Tempel darstellt und der Freude am Kaufen gewidmet ist.«

Schlendern Sie durch die Passagen! Auch wenn Sie nichts kaufen wollen

Doch weil Hamburg nicht nur aus der City besteht, besitzt jeder Stadtteil ein eigenes Einkaufsviertel, und oft macht das Einkaufen dort mehr Spaß, weil es menschlicher zugeht. Man gibt sich zwar gern gediegen, doch Zeit für einen Schnack muß sein.

In einer Stadt von der Größe Hamburgs finden auch ausgefallene Spezialgeschäfte ihre Marktlücke. Es gibt Tropenausstatter, Läden für Seefahrerbekleidung, unzählige Antiquariate und Antiquitätenhändler, Trödler, Lampenschirmhersteller, Knopfverkäufer und so weiter. Ein beliebtes Geschäft in Eppendorf hat die Sache auf den Punkt gebracht: Es nennt sich »Kaufrausch«.

Es ist nicht so, daß Sie nach Hamburg nicht anders als mit einer Million in der Tasche fahren könnten, so, wie man einst nach Monte Carlo fuhr, um sein ganzes Geld auf den Kopf zu hauen. Aber irgendwie müssen die hohen Geschäftsmieten ja wieder hereinkommen. So liegt das Preisniveau eben etwas höher als in den Supermärkten der Vorstädte und des flachen Landes. Halten Sie also Ihre Scheckkarte gut fest!

Vielleicht gelingt es Ihnen auch, in einem der renommierten Auktionshäuser an den Hohen Bleichen einen günstigen Fang zu machen; die Versteigerungsobjekte können besichtigt werden. Und wenn Sie schon am Fischmarkt sind – besuchen Sie den Speicher in Neumühlen! Er bietet Kuriositäten und Einrichtungsgegenstände manchmal zu Schleuderpreisen. Noch ein Tip, wenn Sie in der Vorweihnachtszeit einkaufen: Kinder werden am Anleger Jungfernstieg auf den Alsterschiffen betreut.

ANTIQUITÄTEN

Antik-Center **(I 5)**
Im Keller der alten Markthalle wird Trödel, aber auch Hochwertiges an den Mann gebracht. *Di–Fr 12–18, Sa 10–16 (langer Sa bis 18) Uhr, Klosterwall 9–21, alle U- und S-Bahnlinien Hauptbahnhof*

Vornehmes Mitbringsel: Antiquitäten

Bernhard ter Hazeborg **(O)**
Norddeutsches Barock und englische Klassik. *Milchstraße 11, U1 Hallerstraße*

Ryan's Antiques **(O)**
Spezialisiert auf Englisches. *Eppendorfer Weg 231, U3 Eppendorfer Baum*

BOUTIQUEN

Amica
Verspielte Mode und sachkundige Beratung. *Milchstraße 24* (**O**), *U1 Hallerstraße, Galleria* (**F4**), *S 1, S 2, S 3, U1, U2 Jungfernstieg*

Linette
Damen-Mode von klassisch-elegant bis witzig-leger. Die Preise haben es in sich. *Jungfernstieg*

41–42 (**F 4**), *ABC-Straße 52* (**F 4**), *U2 Gänsemarkt, Eppendorfer Baum 19* (**O**), *U3 Eppendorfer Baum*

Thomas i-Punkt (**F 3**)
Spezialadresse für den modebewußten und experimentierfreudigen Herrn. Ausgefallenes im japanischen Schlabberlook. Inzwischen eigene Designerlinie namens »Omen« im Verkauf. *Colonnaden 19, Mönckebergstr. 21, Gänsemarkt 24, S 1, S 2, S 3, U1, U2 Jungfernstieg*

DELIKATESSEN

J. W. M. Broders/Figlio (**G 1**)
Traditionelles Hamburger Feinkostgeschäft mit vielen frischen Ideen und einem angeschlossenem Mittagsimbiß. Teuer, aber es lohnt sich. *Mittelweg 172, Bus 109 Fontenay*

DESIGNERGESCHÄFTE

Joop (**F 4**)
Hamburgs Modezar Wolfgang Joop gibt Einblick in sein Werk. *Poststraße 41, U2 Gänsemarkt*

Jil Sander (**O**)
★ Der Name steht für den Erfolg. Gehört zum Pflichtprogramm für die moderne Karrierefrau. *Milchstraße 8, U1 Hallerstraße*

GESCHENKE, EINRICHTUNG UND SCHICKES ZUBEHÖR

Grube decor (**O**)
Hier bekommt man praktische und moderne Staubfänger in allen Größen, aber auch schöne Garten- und (seit neuestem) lustige Kindermöbel. *Eppendorfer Baum 13, U3 Eppendorfer Baum*

MARCO POLO TIPS FÜRS SHOPPING

1. **Bäder Schröder**
Edles Badevergnügen (Seite 65)
2. **Binikowsky**
Für Buddelschiff-Sammler (Seite 62)
3. **Fahnen Fleck**
Gummifliegen, Vereinspokale, Feuerwerk. Fundgrube für Partydekoration (Seite 65)
4. **Globetrotter**
Alles für die nächste Expedition (Seite 65)
5. **Harry's Hamburger Hafen Bazar**
Seefahrer-Mitbringsel aus aller Welt (Seite 62)
6. **Easy Rider**
Leder nach Maß (Seite 65)
7. **Jil Sander**
Edle Materialien, klassische Eleganz (Seite 61)
8. **Ladage & Oelke**
Herrenausstatter Nr. 1 (Seite 62)
9. **Lenius**
Herrenausstatter Nr. 2 (Seite 62)
10. **Pfeifen Tesch**
Für passionierte Pfeifenraucher (Seite 65)
11. **Speicher am Fischmarkt**
Hier gilt: Wer sucht, der findet (Seite 62)

Kaufrausch **(O)**
Das Eppendorfer Kleinkaufhaus für originelle Accessoires. *Isestraße 74, U3 Eppendorfer Baum*

Barbara Koos **(F 4)**
Silber, Schmuck, Hüte, Accessoires. *Hanseviertel, S 1, S 2, S 3, U1, U2 Jungfernstieg*

Das Magazin **(O)**
Möbel, Lampen, Geschenke. Artikel zwischen eigenwillig und praktisch, manches Sonderangebot. *Goldbekplatz 1, U3 Borgweg*

Naefke & Co. **(O)**
Das Design bestimmt das Bewußtsein: Avantgardistische Wohneinrichtung nebst einer chromglänzenden Küchenabteilung. *Eppendorfer Landstraße 60, U1, U3 Kellinghusenstraße*

Speicher am Fischmarkt **(O)**
★ Von der Glasmurmel bis zum Graupapagei, alles unübersichtlich geordnet, aber um so billiger. *Große Elbstraße 38, 268, S 1, S 2, S 3 Reeperbahn, Königstraße*

HERRENAUSSTATTER

Ladage & Oelke **(F 4)**
★ Unbestritten die Nummer eins unter den Hamburger Herrenausstattern. Konservativer geht es kaum. Nach dem Wiederaufbau der abgebrannten Alsterarkaden zurück am alten Platz. *Neuer Wall 11, S 1, S 2, S 3 Stadthausbrücke*

Lenius **(F 4)**
★ Unbestritten die Nummer zwei unter den Hamburger Herrenausstattern. *Neuer Wall 36, S 1, S 2, S 3 Stadthausbrücke*

Mientus **(I 4)**
Leichte und lockere Italienmode. *Neuer Wall 48, S 1, S 2, S 3, Stadthausbrücke, S 1, S 2, S 3, U1, U2 Jungfernstieg*

Mundhenk **(F 4)**
Ebenfalls spezialisiert auf italienisches Design. *ABC Straße 52, S 1, S 2, S 3, U1, U2 Jungfernstieg*

Selbach **(F 4)**
Distinguierter Laden für den Herrn mit Geschmack. *Jungfernstieg 41–42, S 1, S 2, S 3 Stadthausbrücke, S 1, S 2, S 3, U1, U2 Jungfernstieg*

H. C. Wagner **(O)**
Exquisite Herrenmode von der Krawatte bis zum Schuh. *Milchstraße 27, U1 Hallerstraße*

KURIOSITÄTEN

Binikowsky **(O)**
★ Wenn es denn ein Buddelschiff sein muß: Hier gibt es die größte Auswahl. *Lokstedter Weg 68, Bus 39, 214 Eppendorfer Markt*

Harry's Hamburger Hafen Bazar **(B 5)**
★ Sammelsurium seltsamer Mitbringsel aus fernen Ländern. *Bernhard-Nocht-Straße 63, S 1, S 2, S 3 Reeperbahn, S 1, S 2, S 3, U3 Landungsbrücken*

MÄRKTE UND FLOHMÄRKTE

Fischmarkt **(A 6)**
Ein Muß für jeden Hamburgtouristen, am besten gleich an den Kneipenbummel anschließen. Jeden Sonntag früh bis halb zehn. Aale, Bananen und Grünpflanzen werden gern auch als Wurfgeschosse benutzt. Fisch gibt es

»Bananen-Willi«: das Faktotum des Fischmarktes

übrigens auch zu kaufen. Viele Hamburger haben zeit ihres Lebens noch keinen Fuß auf den Fischmarkt gesetzt. *S 1, S 2, S 3 Königstraße, Landungsbrücken, Reeperbahn, U3 Landungsbrücken*

Goldbekufer **(O)**
Unter den zahllosen Hamburger Journalisten gilt dieser Wochenmarkt als der Ort, wo »das Volk« einkauft, und deswegen riskiert man hier, ein Mikrophon unter die Nase gehalten zu bekommen. *Di, Do und Sa vormittags, U3 Borgweg*

Isemarkt **(O)**
Der längste Wochenmarkt Deutschlands und außerdem noch überdacht, weil unter Jugendstilpfeilern einer U-Bahnlinie angesiedelt. Was es auf dem Isemarkt an Gemüse nicht zu kaufen gibt, das gibt es nirgends. Jungen Eppendorfer Müttern mit ihren Zwillingskinderwagen gilt es auszuweichen, desgleichen alten Mütterchen mit ihren Einkaufsrollern. *Di und Fr 9–14 Uhr, U3 Hoheluftbrücke, Eppendorfer Baum*

Markthalle am Deichtor **(15)**
Nur ein schwacher Abglanz der alten Markthallenherrlichkeit. Aber wer ein türkisches Video oder ein taiwanisches Volkslied auf Kassette sucht, kann hier immer noch Glück haben. Auch Hammel gibt es reichlich. *Di bis Fr ganztägig, Sa bis 14 Uhr, DB, alle S- und U-Bahnlinien Hauptbahnhof*

In regelmäßigen Abständen finden in Hamburg verschiedene Flohmärkte statt. Oft gibt es Ramsch, manchmal Raritäten. Besonders attraktiv sind sie bei gutem Wetter. *Termine siehe Tages- und Szenezeitungen: Einkaufszentrum Alstertal, Heiligengeistfeld, Messehallen, Einkaufstreffpunkt Farmsen, Turmweg, Kemal-Altun-Platz*

OFF-MODE

A-mad
Underground-Schuhe aus London. Schrille Hemden, viele textile Frechheiten. **(D3, O)** *Marktstraße 139, U3 Feldstraße, Eppendorfer Weg 64, U2 Christuskirche*

Block 28 **(C–D 3)**
Was man in der Szene halt so trägt. Auch für den Wochenend-Punk viele Anregungen. *Marktstraße 68, U3 Feldstraße*

Mojo The Shop **(F 3)**
Modischer Ableger der gleichnamigen Disco. Für treue Fans. *Dammtorstraße 29, U2 Gänsemarkt, Schanzenstraße 46, U3 Sternschanze*

M. G. **(D 3)**
Ein energisches Nein zur spießigen Männereleganz. Junge Designer bieten Alternativen, die sich sehen lassen können. *Marktstraße 117, U3 Feldstraße*

M & H Kleidermarkt
Secondhand im großen Stil, mit großer Auswahl und mit einem Blick für den außergewöhnlichen Geschmack. **(D3/O)** *Neuer Kamp 23, U3 Feldstraße, Schulterblatt 18, S11, S21, S31, U3 Sternschanze*

Yellowgelb **(O)**
Der Schuhladen für alle Gegner des hanseatischen Einheits-Slippers. *Schulterblatt 23, U3 Feldstraße*

SCHMUCK

Cartier **(D 4)**
Der Traditionsname allein soll für so manche schon Musik in den Ohren sein. Hier ist eine Uhr keine Uhr und ein Ring kein Ring, sondern ein Lebensgefühl wenn nicht gar eine Weltanschauung. Das »must« kostet eben etwas mehr, kleidet aber auch ungemein. *Jungfernstieg 34, S 1, S 2, S 3, U1, U2 Jungfernstieg*

Die jüngste Passage, der Bleichenhof. Kühler Luxus ganz in Marmor gehalten

SPEZIALGESCHÄFTE

Bäder Schröder **(E 1)**
★ Chrom oder Marmor, Bronze oder Keramik, Fiberglas oder Stahl – im Bad ist nichts unmöglich. Den Beweis tritt dieses Spezialgeschäft gern an. *Grindelallee 37–39, Bus 102 Grindelhof*

Bethge **(O)**
Hier ist das Einwickelpapier schon teurer als das Geschenk. Handgeschöpftes Bütten, blaßgraue Tinte – alles für den, der schon alles hat. *Eppendorfer Baum 1, U1 Klosterstern, ABC-Straße 9* (**F 4**), *U2 Gänsemarkt*

Caledonian Shop **(E 3)**
John »Slim« Cowell verkauft vom Dudelsack bis zur karierten Tweedmütze alles, was aus Schottland kommt. Bemerkenswert das Angebot an Malt-Whiskys und Kilts. *Valentinskamp 24, U1 Stephansplatz, U2 Gänsemarkt*

Dessous-Wingert **(O)**
Erstaunlich, was eine Verpackung aus schnöder Nacktheit machen kann. *Große Bleichen 36 (Hanse-Viertel), S 1, S 2, S 3, U 1, U 2, U 3 Jungfernstieg*

Dr. Götze
Deutschlands größter Spezialist für Reiseliteratur. *Bleichenbrücke 9* (**F 4**), *S 1, S 2, S 3, U2, U3 Jungfernstieg, Wandelhalle Hauptbahnhof* (**I 4**), *alle S- und U-Bahnlinien Hauptbahnhof*

Easy Rider **(C 5)**
★ Wenn Sie es in Leder lieben, sind Sie hier richtig. Anrüchiges oder auch Dezentes wird maßgeschneidert. *Reeperbahn 155, S 1, S 2, S 3 Reeperbahn*

Eckardt & Messtorff **(F 5)**
Alle Seekarten dieser Welt. *Rödingsmarkt 16, U3 Rödingsmarkt*

Fahnen Fleck **(F 5)**
★ Keine Party ohne Dekoration. Hier gibt es alles, einschließlich Feuerwerk und Uniformen. *Großer Burstah 42, U3 Rödingsmarkt*

Globetrotter **(O)**
★ Ausrüstung für die Grönlandexpedition, für die Rallye nach Dakar, für die Himalajaüberquerung oder einfach für den nächsten Campingurlaub. *Wiesendamm 1, S 1, S 11, U2, U3 Barmbek*

A. W. Niemeyer **(F 5)**
Ob Schäkel oder Signalrakete, ob Tampen oder Pütz, hier ist der stolze Yachtbesitzer mit dem nötigen Kleingeld genau richtig. *Rödingsmarkt 29, U3 Rödingsmarkt*

Pfeifen Tesch **(F 3)**
★ Traditionsreiches Fachgeschäft für den stilbewußten Raucher. *Colonnaden 10, S 1, S 2, S 3, U1, U2 Jungfernstieg*

PPS **(C 3)**
Photo- und Labortechnik in einem ehemaligen Bunker untergebracht. Hier wird auch der Amateur hochprofessionell bedient. Die PPS-Buchhandlung bietet vom Schwarz-Weiß-Klassiker bis zur jüngsten farbigen Photomode einen kompletten Überblick. *Hochhaus 1, Feldstraße 66, U 3 Feldstraße*

Vuitton **(F 4)**
Wenn der Koffer teurer als der Inhalt sein soll: Louis Vuitton. *Neuer Wall 50, Tel. 37 21 22, S 1, S 2, S 3 Stadthausbrücke*

HOTEL
HAFEN
HAMBURG
HOTEL·HAFEN·HAMBURG
9

Traumhaft schlafen

Neben den Häusern der bekannten Hotelketten gibt es in Hamburg auch Hotels mit eigenem Flair

Daß Hamburg eine Großstadt ist, merkt man vor allem auch an den Hotelpreisen. Wer etwas gehobenere Ansprüche mitbringt, bekommt eigentlich unter einhundertfünfzig Mark kaum etwas geboten. Leicht kann es auch das Doppelte sein, und wer in einem der beiden Spitzenhotels Atlantic oder Vier Jahreszeiten absteigt, muß sogar das Dreifache bezahlen. Zwar sind in den letzten Jahren mit dem Elysée, dem Marriott, dem Ramada und dem Steigenberger neue Hotels hinzugekommen, aber auch sie zählen zu einer Kategorie, die sich der Normalverdiener eher selten leisten wird. Ein Plus für Hamburg: eine Reihe sehr persönlich geführter, kleinerer Hotels mit viel Charme. Für Geschäftsreisende ist es meist gleichgültig, was sie zahlen – für den Touristen ist es schmerzhaft. Ein Tip: die Pauschalangebote, die von der Hamburger Touristinformation unter dem Titel »Happy Hamburg« angeboten werden. Kombiniert mit einem Musicalbesuch wird so die Übernachtung etwas preiswerter.

Das frühere Seemannsheim bietet einen atemberaubenden Blick auf den Hafen. Am schönsten nachts

HOTELS KATEGORIE 3

(für einfache Ansprüche, 70 bis 150 Mark. Alle Hotelpreise für Einzel- bzw. Doppelzimmer; Frühstück ist nicht immer mit inbegriffen)

Alte Wache (14)
Nicht gerade in bester Lage, aber vom Hauptbahnhof aus leicht zu erreichen. *85 Zi., Adenauerallee 21, Tel. 24 12 91, Fax 280 17 54, DB, alle U- und S-Bahnlinien Hauptbahnhof*

Alt Nürnberg (14)
Kleines Garni-Hotel in zentraler Lage. *19 Zi., Steintorweg 15, Tel. 24 60 23, Fax 280 46 34, DB, alle U- und S-Bahnlinien Hauptbahnhof*

Appartementhaus Harvestehude (O)
Nichts für den eiligen Reisenden, denn hier wird nur für mehrere Tage vermietet; zweimal in Harvestehude. Die Appartements sind mit Kochnische ausgestattet und erlauben so einen längeren Aufenthalt in einem der beliebtesten Stadtteile. *21 Appartements, 1 Suite (Klosterallee), 27 Appartements (Oberstraße). Klosterallee 72, Tel. 420 88 19, Fax 422 57 57, U3 Hoheluftbrücke; Oberstraße 140, Tel. 450 47 81, Fax 41 77 25, U1 Hallerstraße*

Garden Hotels Pöseldorf

Baurs Park **(O)**
Ganz am Ende der Elbchaussee und mithin weit draußen. Familienbetrieb. *9 Zi., 2 Apartments. Elbchaussee 575, Tel. 866 66 20, Fax 86 66 62 20, S 1, S 11, Blankenese, Bus 48*

Bei der Esplanade **(F 3)**
Kleine Hotelpension in der Einkaufspassage Colonnaden, nah bei Rathausmarkt und Alster. *13 Zi., Colonnaden 45, Tel. 34 29 61, Fax 35 40 82, U1 Stephansplatz*

City-House **(O)**
Durchschnittlicher Komfort mit solidem Service, und das alles in unmittelbarer Nähe des Hauptbahnhofs. Dafür ist es etwas laut. *30 Zi., Pulverteich 25, Tel. 280 38 50, Fax 280 18 38, DB, alle S- und U-Bahnlinien Hauptbahnhof*

Commerz **(O)**
Ein komfortables Haus, zentral in Altona gelegen. *20 Zi., Lobuschstraße 26, Tel. 39 13 87, Fax 390 49 96, DB, S 1, S 2, S 3, S 11, S 31 Altona*

Eden **(I 3)**
★ Mitten in St. Georg; solide. *63 Zi., Ellmenreichstraße 20, Tel. 24 84 80, Fax 24 15 21, DB, alle S- und U-Bahnlinien Hauptbahnhof*

Elbbrücken-Hotel **(O)**
Einfaches Hotel für Gäste mit nicht allzu hohen Ansprüchen an reizende Stadtumgebung. *31 Zi., Billhorner Mühlenweg 28, Tel. 78 27 47, Fax 789 99 69, S 2, S 21 Rothenburgsort*

Fürst Bismarck **(I 4)**
Garni-Hotel direkt am Hauptbahnhof. *59 Zi., Kirchenallee 49, Tel. 280 10 91, Fax 280 10 96, DB, alle U- und S-Bahnlinien Hauptbahnhof*

Heimfeld **(O)**
Schon nicht mehr in Hamburg, sondern jenseits der Elbe in Harburg gelegen. Eine halbe Stunde mit der S-Bahn in die City. *46 Zi., Heimfelder Straße 91, Tel. 790 56 78, Fax 790 48 96, S 3 Heimfeld*

Helbing **(O)**
Etwas abseits von der City in einem wenig bekannten Stadtteil. *16 Zi., Eilenau 37, Tel. 254 20 83, Fax 25 20 83, U2 Mundsburg*

Metro Merkur **(I 4)**
Wie der Name schon sagt: für den Geschäftsreisenden gedacht. *103 Zi., Bremer Reihe 12, Tel. 24 72 66, Fax 24 02 84, DB, alle U- und S-Bahnlinien Hauptbahnhof*

Rex **(O)**
Von hier aus ist man schnell wieder auf der Autobahn. *32 Zi., Kieler Straße 385, Tel. 54 48 13, S 3, S 21 Stellingen*

Terminus **(I4)**
Zentrale Lage. Mehr läßt sich für den Preis nicht verlangen und wird auch nicht geboten. *20 Zi., Steindamm 5, Tel. 280 31 44, Fax 24 15 18, DB, alle S- und U-Bahnlinien Hauptbahnhof*

HOTELS KATEGORIE 2

(für mittlere Ansprüche um 150–200 Mark)

Bellevue **(O)**
Klassisch und wunderschön an der Außenalster gelegenes Hotel. Spazierengehen und Hamburg von seiner Wasserseite aus betrachten. Und Sie sind auch noch schnell in der City. Der Verkehr draußen vor der Tür ist allerdings mörderisch. *78 Zi., An der Alster 14, Tel. 24 80 11, Fax 280 33 80, U1 Lohmühlenstraße*

Berlin **(O)**
Sonnenterrasse, Pianobar, günstiger Preis, und das alles in Innenstadtlage. *93 Zi., Borgfelderstraße 1, Tel. 25 16 40, Fax 25 16 44 13, S 1, S 11, S 2, S 21, U2, U3 Berliner Tor*

Engel **(O)**
Das etwas abseits gelegene Hotel wird besonders von Geschäftsleuten mit Begeisterung weiterempfohlen. *94 Zi., Niendorfer Straße 59, Tel. 58 03 15, Fax 58 34 85, U2 Hagendeel*

Haus Heimhude **(G 1)**
Gepflegtes Haus mit persönlicher Atmosphäre in einer der schönsten Straßen Hamburgs. sehr ruhig gelegen. *35 Zi., Heimhuderstraße 16, Tel. 44 27 21, Fax 44 74 27, DB, S 11, S 21, S 31 Dammtorbahnhof*

MARCO POLO TIPS FÜR HOTELS

1. **Hanseatic**
   Das sehr persönliche Hotel (Seite 71)
2. **Nippon Hotel**
   Eigenwillige Atmosphäre, guter Service, japanisches Restaurant (Seite 72)
3. **Eden**
   Solides Unterkommen im zwielichtigen St. Georg (Seite 68)
4. **Garden Hotels**
   Vornehme Lage, hervorragender Service (Seite 71)
5. **Hafen Hamburg**
   Weiter Blick über den Hafen (Seite 71)
6. **Abtei**
   Edel, intim, ruhig (Seite 71)
7. **SAS Radisson**
   Einmaliges Hamburgpanorama (Seite 73)
8. **Prem**
   Noble Villa an der Außenalster (Seite 73)
9. **Strandhotel Blankenese**
   Strandschlößchen mit Elbblick (Seite 73)
10. **Elysée**
    Für Kontaktfreudige (Seite 71)

Das Congress-Hotel Radisson am Messegelände

Raphael Hotel Altona **(O)**
Mittelgroßes Hotel direkt am Altonaer Bahnhof. *44 Zi., Präsident-Krahn-Straße 13, Tel. 38 12 39, Fax 38 02 44 44, DB, S 1, S 2, S 3, S 11, S 31 Altona*

Stadt Altona **(A 4)**
Hotel in zentraler Lage. Guter Ausblick von der Dachterrasse. Nah am Hafen und den Verlokkungen St. Paulis. *107 Zi., Louise-Schröder-Straße 29, Tel. 38 11 11, Fax 389 84 83, S 1, S 2, S 3 Reeperbahn, DB, S 1, S 2, S 3, S 11, S 31 Altona*

Stadthaushotel **(A 4)**
Ein Haus nicht nur für, sondern auch von Behinderten. Sehr persönlicher Service. Nicht nur eine großartige Initiative, sondern eine mit großem Erfolg. Man sollte rechtzeitig buchen. *7 Zi., 1 Familienzi., Holstenstraße 118, Tel. 389 92 00, Fax 38 99 20 20, S 11, S 21, S 31 Holstenstraße*

Wedina **(I 3)**
Kleines, sympathisches Hotel garni, mit Garten und exzellentem Frühstücksbüffet. *39 Zi., Gurlittstr. 23, Tel. 24 30 11, Fax 280 38 94, DB, alle U- und S-Bahnen Hauptbahnhof*

HOTELS KATEGORIE 1

(für Anspruchsvolle um 200 bis 300 Mark)

Abtei **(O)**
★ Ein exklusiv eingerichtetes Hotel, das sich dazu noch in Alsternähe befindet. Eigener Bootssteg! Hoch gerühmt bei Stammgästen, rechtzeitige Reservierung dringend erforderlich. *11 Zi., Abteistraße 14, Tel. 44 29 05, Fax 44 98 20, U1 Klosterstern*

Elysée **(F 1)**
★ Ein etwas hemdsärmelig wirkendes, weitläufiges, modernes und komfortables Hotel in bester Lage. Viel Leben im Foyer und rundherum, täglich ab 21 Uhr Jazz. Für Kontaktfreudige. *305 Zi., Rothenbaumchaussee 10, Tel. 41 41 20, Fax 41 41 27 33, DB, S 11, S 21, S 31 Dammtorbahnhof*

Garden Hotels **(O)**
★ Der Standort ist die halbe Miete. Nicht anders verhält es sich mit der traumhaften Lage des Garden Hotels mitten im Nobel-Stadtteil Pöseldorf, gesäumt von alten Villen. Boutiquen liegen gleich um die Ecke, die Außenalster sowieso, und so ist das Garden Hotels die richtige Adresse für die Dame von Welt, die eben mal ein neues Jil-Sander-Kleid erstehen will. Es gibt in der Nähe noch zwei Dependancen. *60 Zi., Magdalenenstraße 60, Tel. 44 99 58, Fax 414 04 20, U1 Hallerstraße*

Hafen Hamburg **(C 6)**
★ Direkt gegenüber den Landungsbrücken gelegen und mit einer spektakulären Aussicht auf den Hafen. Die Architektur ist sehenswert, die Lage einmalig, und die Preise halten sich (noch) in Grenzen. *252 Zi., Seewartenstraße 9, Tel. 31 11 30, Fax 319 27 36, S 1, S 2, S 3, U3 Landungsbrücken*

Hanseatic **(O)**
★ Ein kleines Hotel im Stadtteil Winterhude. Sehr persönlich, liebevoll, fast intim. *13 Zi., Sierichstraße 150, Tel. 48 57 72, Fax 48 57 73, U3 Sierichstraße*

Holiday Inn Crowne Plaza **(O)**
Ein Neubau in unmittelbarer Nähe zur Außenalster. Komfort, Einrichtung, Ausstattung – alles wie beim Holiday Inn gewohnt vorhanden. *290 Zi., Graumannsweg 10, Tel. 22 80 60, Fax 220 87 04, U1, U2 Lübecker Straße*

Hotel – Garni Mittelweg **(O)**
Eine alte Villa mit hohen Räumen und riesengroßen Spiegeln passend zu Harvestehude. *39 Zi., Mittelweg 59, Tel. 414 10 10, Fax 41 41 01 20, U1 Hallerstraße*

Inter-Continental **(G 1)**
Schöne Lage direkt an der Außenalster. Wer schon nicht im Interconti wohnt, kann immerhin Sauna und Schwimmbad benutzen: Sie gehören zu den gepflegtesten und gleichzeitig ruhigsten der Stadt. *286 Zi., Fontenay 10, Tel. 41 41 50, Fax 41 41 51 86, DB, S 11, S 21, S 31 Dammtorbahnhof*

Hamburger Luxushotels

Eigentlich gibt es nur zwei Häuser in Hamburg, die für sich in Anspruch nehmen dürfen, mit den großen Hotels dieser Welt konkurrieren zu können. Erfahrung gehört nämlich dazu, und die erwirbt man sich zwangsläufig erst in Jahrzehnten.

Atlantic Kempinski **(H 3)**
Leidet immer noch darunter, daß es einen Hauch weniger berühmt ist als die Konkurrenz gegenüber und obendrein an der »falschen« Alsterseite liegt. Dafür sieht es um so imposanter aus, wenn man es von der anderen Seite aus betrachtet, vor allem am Abend, wenn der weiße Bau mit dem grüngrauen Kupferdach und der Weltkugel von Scheinwerfern angestrahlt wird. Berühmt ist die hoteleigene Bäckerei für ihre Brötchen. Wenn Sie sich diesen Luxus gönnen, nehmen Sie ein Zimmer mit Alsterblick!
EZ 370–440, DZ 420–490, Suiten ab 540 Mark. *254 Zimmer. An der Alster 72–79, Tel. 288 80, Fax 24 71 29, DB, alle S- und U-Bahnlinien Hauptbahnhof*

Hotel Vier Jahreszeiten **(F 3)**
Das Vier Jahreszeiten ist unbestritten die Nummer eins und wird es wohl auch bleiben, obwohl die Zeiten für Spitzenhotellerie nicht gerade einfach sind. Es geht, wie in allen Luxushotels dieser Welt, etwas hölzern zu, aber das erwartet der Gast ja auch. Der Service wird gerühmt, und so bietet sich das Haus als selbstverständliche Unterkunft für Ölscheichs, Schlagerstars, Geschäftsreisende mit dickem Spesenkonto und Politiker an, sofern diese nicht im Gästehaus des Senats untergebracht werden. Die Küche im Vier Jahreszeiten hatte lange Zeit einen Stern im Michelin-Restaurantführer, und wer stilvoll tafeln will, ist im hoteleigenen Restaurant Haerlin auch heute noch richtig am Platz.
EZ 375–495; DZ: 475–595, Alkoven 645–930, Suiten 990–1600, Jahreszeitensuite 2900 Mark. *158 Zimmer. Neuer Jungfernstieg 9–14, Tel. 349 40, Fax 349 46 02, S1, S2, S3, U1, U2, U3 Jungfernstieg*

Louis C. Jacob **(O)**
Aufwendigst renovierte Hamburger Legende direkt an der Elbchaussee. Einmaliger Blick auf die Schiffahrt. *86 Zi., Elbchaussee 401–403, Tel. 82 25 50, Fax 82 25 54 44, Bus 36*

Marriott **(D 3)**
Luxushotel im kühlen Stil der Moderne, umgeben von luxuriösen Geschäften und Neubauten. Bietet den gewohnt guten Service. *276 Zi., ABC-Straße 52, Tel. 350 50, Fax 35 05 17 77, U2 Gänsemarkt*

Nippon Hotel Hamburg **(O)**
★ Japan in der Hansestadt. Aber keine Angst, niemand muß auf dem Fußboden schlafen. Alle Betten haben besonders angenehme Matratzen. Im Haus ist außerdem ein vorzügliches japanisches Restaurant. *42 Zi., Hofweg 75, Tel. 227 11 40, Fax*

22 71 14 90, Bus 108 Zimmerstraße, U2 Mundsburg

Prem (O)
★ Die etwas preiswertere Alternative zum Atlantic-Hotel an der Alster. *55 Zi., An der Alster 9, Tel. 24 17 26, Fax 280 38 51, U1 Lohmühlenstraße*

Ramada Renaissance Hotel (F 4)
Große Zimmer und eine zentrale Lage machen das Ramada zu einem der frequentiertesten Hotels der Stadt. *207 Zi., Große Bleichen, Tel. 34 91 80, Fax 34 91 84 31, S 1, S 2, S 3 Stadthausbrücke*

Reichshof Maritim (I 4)
Altehrwürdige Herberge neben dem Schauspielhaus und direkt am Hauptbahnhof. *303 Zi., Kirchenallee 34–36, Tel. 24 83 30, Fax 24 83 35 88, alle S- und U-Bahnlinien Hauptbahnhof*

SAS Radisson (F 2)
★ Hotel im Hamburger Congress-Centrum, am Botanischen Garten gelegen. Der Blick aus den oberen Zimmern ist nur etwas für Schwindelfreie. *564 Zi., Marseiller Straße 2, Tel. 350 20, Fax 35 02 35 30, DB, S 11, S 21, S 31 Dammtorbahnhof*

Steigenberger Hamburg (E 5)
Auf einer Fleetinsel gelegen, offeriert die bekannte Hotelkette in Hamburg kühle Effizienz. Einmalig: die angeschlossene Privatklinik. *234 Zi., Heiligengeistbrücke 4, Tel. 36 80 60, Fax 36 80 67 77, U3 Rödingsmarkt, S 1, S 2, S 3 Stadthausbrücke*

Strandhotel Blankenese (O)
★ Die Preise haben Großstadtniveau, obwohl sich das knallweiß getünchte Haus weit draußen an der Elbe versteckt. Die Küche ist ambitioniert, wenn auch von schwankender Qualität, aber das alles ist nicht so wichtig wie der Blick aus dem Fenster, wo die Schiffe vorbeiziehen. *15 Zi., Strandweg 13, Tel. 86 09 93, Fax 86 49 36, S 1, S 11 Blankenese, Bus 48*

FÜR FRAUEN

Hotel Hanseatin (F 3)
Hamburgs erstes Hotel exklusiv für weibliche Kundschaft. *Kategorie 2, 13 Zi., Dragonerstall 11, Tel. 35 16 16, Fax 34 58 25, U2 Gänsemarkt, U1 Stephansplatz*

FÜR JUNGE LEUTE

Campingplatz
Die preiswerteste Möglichkeit, in Hamburg zu übernachten – wenn auch nicht allzu komfortabel –, ist der Campingplatz. *City-Camp* befindet sich etwas außerhalb in Autobahnnähe in der *Kieler Straße 650.* (O) Der Platz ist rund ums Jahr geöffnet. *Zelt: 12–20 Mark, Auto 6 Mark, pro Person 7 Mark, Tel. 570 44 98*

Jugendherbergen
Preiswert, gute Kontaktmöglichkeiten. *Alfred-Wegener-Weg 5* (**D 5**), *Tel. 31 34 88, S 1, S 2, S 3, U3 Landungsbrücken*, und: *Rennbahnstraße 100* (O), *Tel. 651 16 71, U3 Horner Rennbahn*

Mitwohnzentralen
Die Alternative für den längeren Aufenthalt: einquartieren in Privatwohnungen. Zahlreiche Angebote unter folgenden Telefonnummern: *194 30; 220 71 78; 380 55 66; 491 80 63; 194 45*

POTENBERG

Hamburger Kalender

Hamburger nutzen jede Gelegenheit, um zu feiern. Und Gelegenheiten gibt es das ganze Jahr

Unter der Parole »Das Hoch im Norden« versucht die Stadt Hamburg seit Jahren, den Tourismus anzukurbeln. Neben den traditionellen Veranstaltungen wie Derby, Tennismeisterschaften, Hafengeburtstag oder Dom werden immer mehr Volksfeste organisiert, denen meist gemeinsam ist: Würstchen und Bier in erstaunlichen Mengen.

Ein Ereignis für Hamburger Fußballfans sind vor allem die Spiele des so heiß geliebten FC St. Pauli. Heimbegegnungen finden während der Fußballsaison alle zwei Wochen statt. »Nie wieder Krieg, nie wieder 2. Liga«, skandieren die treuen Fans – beides wird wohl ein frommer Wunsch bleiben.

Wie man Menschenmassen auch durch ein kulturelles Programm anlocken kann, hat das Nachbarland Schleswig-Holstein erfolgreich vorgemacht: Das Schleswig-Holstein Musik Festival hat ein paar Ableger in der Hansestadt gefunden.

Hanse-Marathon. Ein Laufspektakel mit Festivalcharakter

Zu den ständigen Einrichtungen gehören mittlerweile auch drei Musicals in der Stadt: »Cats«, »Buddy Holly« und »Das Phantom der Oper«. Die Plätze sind recht teuer, was ganze Busladungen aus dem Ruhrgebiet oder Niedersachsen nicht abschreckt, den technischen Perfektionismus der Bühne zu bewundern. Vielbestaunter Höhepunkt der Show ist stets, wenn der Kronleuchter auf die Bühne rauscht.

Die Hamburger Messen und Kongresse, für die eigens der gewaltige CCH-Komplex gebaut wurde, ziehen ebenfalls Publikum an, wobei man sagen muß, daß kaum eine Veranstaltung von wirklich nationaler oder gar internationaler Bedeutung darunter ist. Eine Ausnahme ist allenfalls die Bootsausstellung, auch wenn Düsseldorf der Hansestadt auf diesem Gebiet inzwischen den Rang abgelaufen hat. In Hamburg sind freilich immer noch die größeren Yachten zu sehen.

Was man sich auf keinen Fall entgehen lassen sollte, ist ein Besuch zur Winterszeit, falls es ein-

MARCO POLO TIPS FÜR VERANSTALTUNGEN

1 Silvester
Feuerwerk am Hafen mit Schiffssirenenuntermalung (Seite 77)

2 Derby
Wichtigstes deutsches Pferdesportereignis (Seite 77)

3 FC St. Pauli
Fußball zum Anfassen (Seite 77)

4 Trabrennen
Zockervergnügen für den kleinen Mann (Seite 77)

5 Sommertheater
Experimentelles Theater in der ehemaligen Kampnagelfabrik (Seite 77)

6 Hafengeburtstag
Ein Volksfest rund um die Landungsbrücken (Seite 76)

mal so kalt sein sollte, daß die Alster zufriert – ein Ereignis, das nach dem Geschmack der Hamburger viel zu selten eintritt und bei dem die halbe Stadt auf dem Eis unterwegs ist (und, natürlich, Bratwurst, Bier und Glühwein in rauhen Mengen konsumiert).

FEIERTAGE

Die üblichen im protestantischen Teil Deutschlands. 1. Januar *(Neujahr)*; *Karfreitag*; *Ostermontag*; 1. Mai; *Himmelfahrt*; *Pfingstmontag*; 3. Oktober; 25. Dezember *(1. Weihnachtstag)*; 26. Dezember *(2. Weihnachtstag)*. An Feiertagen sind Geschäfte geschlossen, aber viele Restaurants geöffnet, Museen größtenteils offen.

BESONDERE VERANSTALTUNGEN

März/April

Frühlingsdom auf dem Heiligengeistfeld. *Heiligengeistfeld* (**C–D 3–4**), *U3 Feldstraße, St. Pauli*

Mai/Juni

Internationale Tennismeisterschaften am Rothenbaum. *Rothenbaumchaussee* (**O**). *U1 Hallerstraße*

John Neumeiers Hamburger Ballett-Tage finden jedes Jahr internationale Beachtung. *Staatsoper, Opera Stabile* (**F 3**), *Kampnagelfabrik* (**O**)

Hanse-Marathon. Marathonlauf mit Festivalcharakter.

Mai

Die japanischen Vertreter in Hamburg genehmigen sich alljährlich zu ihrem Kirschblütenfest ein Feuerwerk, das mit dem üblichen Geknalle nicht viel zu tun hat. Ideale Gelegenheit für ein abendliches Picknick am Alsterpark. Nicht mit dem Auto kommen, da alles abgesperrt. *Rund um die Alster*

★ 7. 5. Hafengeburtstag. Großer Jahrmarkt an den Landungsbrücken. Die Feuerlöschboote lassen Fontänen steigen, die Schlepper tanzen Ballett, und das Volk amüsiert sich, auch hier am liebsten am Bratwurststand. (**C 6**)

Juni
Deutsches Spring-Derby in Klein Flottbek. *An der S-Bahn-Station Klein-Flottbek* (**O**)

Hamburgs Polo-Club, der älteste seiner Art in Deutschland, veranstaltet sein Turnier. Reitsportanlage Klein Flottbek. (**O**) *S 1, S 11 Klein Flottbek*

Juni/Juli
★ Derby-Woche auf der Rennbahn Horn. (**O**) *Rennbahnstraße 96, U3 Horner Rennbahn*

Juli/August
Die Hamburger Symphoniker spielen bei schönem Wetter im Innenhof des Rathauses, sonst im großen Festsaal Klassik. (**F4**) *Rathausmarkt, U3 Rathaus, S 1, S 2, S 3, U1, U2 Jungfernstieg*

★ ❂ Sommertheater auf Kampnagel. Unterhaltsame und ambitionierte Unterbrechung der theaterlosen Zeit. (**O**) *Jarrestraße, U3 Saarlandstraße*

August
Zum Schleswig-Hostein Musik Festival pilgert halb Hamburg in die Scheunen und Säle des benachbarten Bundeslandes. Es ist immer wieder ein Ereignis.

August/September
Alstervergnügen rund um die Binnenalster. Würstchenbuden, Gourmetstände, Musik, Laientheater, ein Volksspektakel. (**G3-4**) *Binnenalster, S 1, S 2, S 3, U1, U2 Jungfernstieg*

November/Dezember
Winterdom auf dem Heiligengeistfeld. *Heiligengeistfeld.* (**C-D3-4**) *U3 Feldstraße*

★ ❂ Silvester-Feuerwerk am Hafen. Tausende von Hamburgern feiern den Jahreswechsel an den Landungsbrücken. (**C6**) *S 1, S 2, S 3, U3 Landungsbrücken*

Das ganze Jahr
Fußball
★ Während der Fußballbundesligasaison findet alle zwei Wochen ein Heimspiel des FC St. Pauli statt. Ob der Verein nun gewinnt (oft genug tut er das nicht) oder verliert, ist zwar wichtig, wichtiger als das Ergebnis aber ist, daß das Publikum seinen Spaß hat. Es gilt als das begeisterungsfähigste in ganz Deutschland. (**C3-4**) *Millerntorstadion am Heiligengeistfeld, U3 Feldstraße, St. Pauli*

Der HSV. Lokalpatrioten lacht das Herz. Er ist nach wie vor Fußballverein Nr. 1, aber die Fangemeinde des FC St. Pauli wächst

Trabrennen
★ Der kleine Mann wettet nicht beim Derby, sondern jeden Donnerstag und Sonntag auf der Bahrenfelder Trabrennbahn am Volkspark. Zockeratmosphäre, die das gewisse Etwas hat. Kein hochgestochenes Publikum, hier treffen sich Wettfanatiker. (**O**) *Luruper Chaussee 30, Bus 111, 187, 188, 286*

KEESE
Honi soit qui mal y pense
soit qui mal y pense
Keese
BALL PARADOX
kultiviert
KEESE
kultiviert
KEESE
Cafe Keese

Am Abend gehen wir aus

Ein Dorado für Kneipenliebhaber. Eine Sperrstunde gibt es praktisch nicht

Da hilft kein Reden und kein pikiertes Hochziehen der Augenbrauen: Mindestens neunzig Prozent aller Touristen fällt zu Hamburg nur das Stichwort Reeperbahn ein. Wer sie tagsüber passiert, dem wird nicht entgehen, wie armselig sie wirkt – eine Welt aus Bretterbuden, Daddelhallen und billigen Schildern. Nachts macht sie schon mehr her, und das Publikum amüsiert sich offenbar immer noch blendend. Seit Aids grassiert, hat die Zahl der (nicht ganz passend) so genannten Freudenmädchen etwas abgenommen, aber fünf- bis sechstausend sollen es angeblich immer noch sein. Die meisten arbeiten heutzutage per Zeitungsinserat oder auf dem Straßenstrich, aber in der Herbertstraße gibt es auch noch die klassischen Bordellhäuser.

Die Bühnenshows, in den siebziger Jahren als das Heißeste weit und breit gepriesen, finden ebenfalls weiterhin statt, und sie sind nach wie vor nicht jugendfrei zu nennen. Aber insgesamt hat sich auf St. Pauli allerhand geändert, und man ist bemüht, das alte Schmuddelimage abzulegen, um sich zu so etwas wie einem ernsthaften Vergnügungsviertel zu mausern. Die Folge ist, daß auch die Hamburger St. Pauli wiederentdecken, daß die Immobilienspekulation munter blüht und sich die Szene mit der Prostituierten- und Drogenwelt mischt.

Die etwas kleinere Ausgabe von St. Pauli findet sich in St. Georg, wo es einerseits mit Babystrich und Heroinhandel härter, andererseits im alternativen oder alteingesessenen Milieu auch herzlicher zugeht.

Wer nicht unbedingt auf Sex aus ist, findet in Hamburg eine schier unüberschaubare Zahl von Kneipen. Es gibt gemütliche und finstere, neongestylte und halogenbestrahlte, laute und vornehme, leise und plüschige, originelle und öde. Und alle, scheint's, finden ihr Auskommen. Eine Sperrstunde gibt es in Hamburg praktisch nicht; am

Damenwahl auf der Reeperbahn. Motto: »Café-Keese-Ehen sind haltbar und haben Niveau«

Wochenende ist sie ganz aufgehoben und in der Woche auf vier Uhr festgesetzt – für die meisten Menschen keine ernsthafte Beschränkung, zumal es Kneipen gibt, die schon eine halbe Stunde später wieder aufmachen. Ein Zug durch die Kneipen kann in Hamburg also ziemlich lange dauern. Für literarisch Interessierte ist das *Literaturhaus am Schwanenwik* die erste Adresse. Sein Café ist täglich von 10 bis 24 Uhr geöffnet, die Buchhandlung von 11 bis 18.30 Uhr. Programme auf Anfrage, *Tel. 220 00 07 (Bus 108, Mundsburger Brücke)*. Das Jungvolk stürzt sich am Wochenende zu Zehntausenden in den Diskorausch. Die heißeste Szene findet sich bezeichnenderweise rund um den Kiez von St. Pauli.

Kulturelle Veranstaltungen gibt es in einer Stadt von der Größe Hamburgs selbstverständlich mehr, als ein einziger Mensch an einem einzigen Abend besuchen könnte. Das Hamburger Publikum gilt als konservativ, und so kommt es vor, daß vielbeklatschte Premieren anderntags in der Presse gnadenlos verrissen werden und Buhrufe die Rezensenten andererseits zu Beifallsstürmen hinreißen. Die großen Theater- oder Opernpremieren sind stets ausverkauft. Karten sind deshalb lange genug im voraus zu bestellen. Alle anderen Termine in Tageszeitungen und Szeneblättern.

KINOS

Abaton **(O)**
Programmkino in Uni-Nähe mit Herz für den Außenseiter-Film. *Programm für alle Kinos in den Tageszeitungen, Allende-Platz 3, Tel. 44 26 46, S 11, S 21, S 31 Dammtorbahnhof*

MARCO POLO TIPS FÜR DEN ABEND

1 Café Keese
Strikte Damenwahl hat Tradition auf der Reeperbahn (Seite 86)

2 Max und Consorten
Gut gezapftes Bier (Seite 82)

3 Dschungel-Nächte
Exotisches bei Hagenbeck (Seite 85)

4 Knust
Engtanz in der Schmusedisko (Seite 86)

5 Mojo Club
Wichtig für Junge und Schöne (Seite 86)

6 Dämmertörn
Schwerstromantik auf der Alster (Seite 85)

7 Nagel
Wein zu jeder Tageszeit (Seite 82)

8 Salambo
Härteste Sexshow der Stadt (Seite 85)

9 Schmidt
Schrilles Amüsiertheater (Seite 85)

10 Thalia-Theater
Hochkultur für Normalverbraucher (Seite 87)

Holi (O)
Eines der schönsten Kinos in Hamburg mit optimalem Sitzkomfort und einer Foyerbar. *Schlankreye 69, Tel. 422 30 40, U3 Hoheluftbrücke*

Passage-Filmtheater (H 4)
Eine Perle der Filmkultur mit auffallend schöner Einrichtung. *Mönckebergstraße 17, Tel. 32 41 39, U3 Mönckebergstraße*

Streits (F 4)
Edel, traditionsgeladen und mit exklusivem Filmangebot. Sonntags um 11 Uhr oft Filme im Original, *Jungfernstieg 38, Tel. 34 60 51, S 1, S 2, S 3, U1, U2 Jungfernstieg*

Zeise-Kinos (O)
Ambitioniertes Angebot in einer ehemaligen Schiffsschraubenfabrik. Auch architektonisch reizvoll; *Friedensallee 9, Tel. 390 87 70, S 1, S 2, S 3, S 11, S 31, Bahnhof Altona*

KNEIPEN

But'n Dammtor (O)
Früher die Bratkartoffelkneipe schlechthin. Nach einer Renovierung etwas nüchterner geworden. Aber das Bier wird nach Vorschrift gezapft. *Mo–Fr 11–1 Uhr, Sa/So 17–1 Uhr, Mittelweg 27, Tel. 44 45 12, U1 Hallerstraße*

Fiedler's Café (O)
Traumhaft auf dem Winterhuder Bootsanleger gelegen. Bei Sonne beängstigendes Gedränge und überforderte Bedienung. Der Ausblick treibt die Preise nach oben. *Tgl. 11–24 Uhr, Hofweg 103, Tel. 227 74 03, Bus 106, 108 Hofweg*

Filmhauskneipe (O)
Beschaulich, freundlich, überschaubar. Für alle, die »irgendwie mit dem Film zu tun haben«, und für den ganzen Rest von Altona. *Mo–Fr 12–2 Uhr, Sa 18–2 Uhr, So 17–1 Uhr, Friedensallee 7, Tel. 39 34 67, S 1, S 2, S 3, S 11, S 31, Bahnhof Altona*

Finnegan's Wake (G 5)
Der Widerspruch in sich: ein edler irischer Pub. Eine kleine Oase in der Innenstadt für Freunde des echten Stout. *Mo–Fr 11–1 Uhr, Sa/So bis 2 Uhr, Börsenbrücke 4, Tel. 374 34 33, U1 Meßberg, Bus 111*

frank und frei (C 2)
Schlachthof und Fernsehturm, Intercitys und S-Bahn – von hier aus hat man alles im Blick. Das Schanzenviertel, wie es lebt und strebt. *Tgl. ab 17 Uhr, Schanzenstraße 93, Tel. 43 48 03, S 21, S 31 U3 Sternschanze*

Glocke (O)
Gar nicht so einfach, hier an ein Bier zu kommen, denn der Tresen ist fest in der Hand der Stammgäste. Direkt neben dem Isemarkt. Guter Wurstsalat. Im Sommer auch Straßenplätze. *Mo/Mi/Do 10–3 Uhr, Sa/So 11–4 Uhr, Di/Fr (Markttage) 8–1 Uhr, Klosterallee 65, Tel. 420 32 82, U3 Hoheluftbrücke*

Insbeth (O)
Woher der Name stammt, weiß keiner. Es heißt aber auf keinen Fall »Ins Bett«. Gemischtes Publikum, vor allem im Sommer gute Stimmung. *Tgl. ab 10–4 Uhr, Bahrenfelder Straße 176, Tel. 390 19 24, S 1, S 2, S 3, S 11, S 31 Bahnhof Altona*

Jablonsky's **(O)**
Handfeste Rock-'n'-Roll-Gaststätte. Hier hat der Hip Hop keine Chance. *Tgl. ab 21 Uhr, Fr/Sa bis 6.30 Uhr, Heinickestraße 1, Tel. 48 28 59, U1 Hudtwalckerstraße, Bus 214*

Legendär **(O)**
Das ehemalige Onkel Pö ist seit der Sanierung des Schwammschadens brav geworden. Es wird korrekt und mit straffer Hand geführt – ideal für alle, die keine Überraschungen erleben und trotzdem ihr Feierabendbier trinken wollen. *Tgl. 10–2 Uhr, Lehmweg 44/Ecke Eppendorfer Weg, Tel. 47 32 07, U3 Eppendorfer Baum*

Lehmitz **(B 5)**
Ein harter Schuppen: Acid, Punk, Rockhouse, Hauptsache laut. Das passende Getränk ist Tequila mit Salz und Zitrone. *Rund um die Uhr das ganze Jahr, Reeperbahn 22, Tel. 31 46 41, S 1, S 2, S 3 Reeperbahn, U3 St. Pauli*

Max und Consorten **(13)**
★ Buntgemischtes Publikum, einen Steinwurf vom Hauptbahnhof entfernt. Auf Bedienung und Bier wird höflich gewartet. Zivile Preise. *Tgl. 10 Uhr bis zum Abwinken, Spadenteich 7, Tel. 24 56 17, alle S- und U-Bahnlinien Hauptbahnhof*

Mon Marthe **(O)**
Kleinkabarett hinten, vorne Bistroatmosphäre. Ein liebenswertes Lokal. *Tgl. 19–1 Uhr, Tarpenbekstraße 65, Tel. 47 54 02, Bus 113, 190, 214 Tarpenbekstraße*

Nagel **(14)**
★ »Bodega« nennt sich der Laden. Straßenverkauf von Wein und Spirituosen weit außerhalb der Zeiten, die das unerbittliche Ladenschlußgesetz in Hamburg setzt. Schankbetrieb seit 1848. Demokratischer Publikumsquerschnitt. *Tgl. 9–1 Uhr, Kirchenallee 57, Tel. 24 71 21, alle S- und U-Bahnlinien Hauptbahnhof*

Oberhafenkantine **(16)**
Draußen pfeift ungemütlich der Hamburger Wind um die Lagerhallen, drinnen wechselt das Publikum zwischen Lastwagenfahrer und Pistenrowdie. Keine Spur von Romantik, trotzdem hat es was. *Mo–Fr 5–22 Uhr, Stockmeyerstraße 39, Tel. 32 43 03, U1 Steinstraße*

Palette **(O)**
Das legendäre gleichnamige Etablissement in der Nähe des Gänsemarktes gibt es nicht mehr, dafür harrt der Wirt im vergnügungssüchtigen Eppendorf bis in die frühen Morgenstunden aus, wenn es die Gäste wünschen. *Mo–Fr 16–4 Uhr, Sa/So 18–4 Uhr, Erikastraße 47, Tel. 47 56 37, U1, U3 Kellinghusenstraße*

La Paloma **(B 5)**
Die Geschichte, wie Jörg Immendorff, der wilde Maler, zu Jörg Immendorff, dem dilettierenden Gastwirt auf St. Pauli, wurde, ist oft genug erzählt worden. Seine Kneipe am Hans-Albers-Platz jedenfalls läuft bestens, vielleicht besser als seine Malerei. Das Hans-Albers-Denkmal nimmt ihm auch weiter niemand krumm. Je später die Nacht, desto voller wird die Kneipe. Bei gutem Wetter steht man vor der Tür. *Mo–Mi 17.30–4 Uhr, von Do 17.30 Uhr bis Mo 4*

Uhr durchgehend geöffnet. Gerhardstraße/Ecke Friedrichstraße, Tel. 31 45 12, S 1, S 2, S 3 Reeperbahn, U3 St. Pauli

The Irish Rover **(F 4)**
Noch ein Ire in der Innenstadt. Schummrig schön. Für Durchreisende. *Mo–Fr 12–2 Uhr, Sa/So 19–5 Uhr, Große Bleichen 27, Tel. 33 56 71, U 1 Meßberg*

Schotthorst **(O)**
Nennt sich »Trinkfachgeschäft« und ist eine ganz normale Eimsbütteler Kneipe, in der jedermann willkommen ist und niemand versucht, besonders aus dem Rahmen zu fallen. *Tgl. 11–2 Uhr, Eppendorfer Weg 58, Tel. 491 81 21, U2 Christuskirche*

Trotzdem **(O)**
»Normale Leute, normale Kneipe«, urteilt das Fachblatt »Szene Hamburg«. Soll's noch geben. *Mo–So 19–2 Uhr, Kanalstraße 22, Tel. 22 42 24, Bus 106*

KONZERTE / OPER / OPERETTE

Forum der Hochschule für Musik **(O)**
Anspruchsvolle Konzerte des musikalischen Nachwuchses. Besonders zu empfehlen: die Abschlußkonzerte. *Harvestehuder Weg 12, Tel. 44 19 50, U1 Hallerstraße*

Hamburgische Staatsoper und Opera Stabile **(F 3)**
Eines der wichtigsten Opernhäuser Deutschlands mit festem musikalischem Ensemble und Staraufgebot. *Dammtorstraße 28, Tel. 35 17 21, U1 Stephansplatz, U2 Gänsemarkt*

Hamburger Symphoniker, Rathauskonzerte und Konzerte im Stadtpark
Hinweise in der Tagespresse.

Kirchenmusik **(E 5)**
Regelmäßige Aufführungen aller bedeutenden Werke der Kirchenmusik. Jedes Jahr zu Weihnachten Messen und Oratorien, Zentrum der Hamburger Kirchenmusik ist die Hauptkirche St. Michaelis, in der vor allem das Werk Johann Sebastian Bachs gepflegt wird und im Sommer jeden Samstagabend Orgelkonzerte veranstaltet werden. Hörenswert ist auch der Klang der restaurierten Arp-Schnitger-Orgel in der Hauptkirche St. Jacobi. Auskunft gibt das Amt für Kirchenmusik. *Uhlandstraße 49, Tel. 220 51 31, U2 Uhlandstraße*

Musikhalle **(E 3)**
Neobarocker Bau, hier finden Gastspiele internationaler Orchester und Solisten statt. *Karl-Muck-Platz, Tel. 34 69 20, U2 Messehallen*

Philharmonisches Staatsorchester
Musikensemble von überregionalem Rang. *Kartenvorverkauf: Große Theaterstraße 34, Tel. 35 17 21, U 2 Gänsemarkt*

Symphonieorchester des Norddeutschen Rundfunks
Regelmäßig in der Hamburger Musikhalle. *Konzertkasse: Rothenbaumchaussee 132–134, Tel. 34 30 44, U1 Hallerstraße*
Im Sommer finden auch Konzerte im Rahmen des Schleswig-Holstein Musik Festivals in und um Hamburg statt. Programme gibt's im Hotel oder der Touristinformation.

Jazz-Frühschoppen in der »Fabrik« in Altona

LIVE-MUSIK

Docks **(C 5)**
✝ Rock-Schuppen auf der Reeperbahn, in dem auch Undergroundbands zum Zuge kommen. *Spielbudenplatz 19, Tel. 319 43 78, S 1, S 2, S 3 Reeperbahn*

Fabrik **(O)**
✝ Traditionelle Music-Hall in Altona mit einer Programmischung aus Rock, Blues und Jazz. Hierher kommt der Alt-68er und bringt auch schon mal seine Tochter mit. *Barner Straße 36, Tel. 39 15 63, S 1, S 2, S 3, S 11, S 31 Altona*

Markthalle **(I 5)**
Dunkles Veranstaltungszentrum mit lauter und harter Musik, aber auch modernem Theater. *Klosterwall 9–12, Tel. 33 94 91, alle U- und S-Bahnlinien Hauptbahnhof*

Mitternacht **(B 5)**
Kellerkneipe mit unvorhersehbarem Programm. *Gerhardstraße 16, Tel. 31 06 13, S 1, S 2, S 3 Reeperbahn*

Sam Brasil **(B 5)**
Latino-Samba-Music in schweißtreibender Atmosphäre. *Termine siehe Tageszeitungen, Silbersackstraße 27, Tel. 31 33 98, S 1, S 2, S 3 Reeperbahn*

MUSICAL / SHOW / VARIETÉ

Buddy Holly **(C 6)**
Von »Peggy Sue« bis »That'll be the day« alle Hits des legendären Rock Stars. *Di–Sa 20, Fr 17 und 21, Sa auch 15.30, So nur 15.30 Uhr. 65–170 Mark, Ermäßigungen für Kinder, Schüler, Studenten und Rentner, Tickets und Hotelbuchungen, Tel. 30 05 11 50. Das Neue Metropoltheater, Nordelbstr. 6, U3 Landungsbrücken, dann mit dem Schiff-Shuttle ab Brücke 1, Schiffe verkehren im 5-Min.-Takt je eine Stunde vor und nach der Vorstellung sowie in der Pause*

Cats **(C 5)**
Ein Musical wie der Volkswagen-Käfer: Es läuft und läuft und läuft. Vermutlich wird es erst dann abgesetzt, wenn der letzte Bundesbürger eine Karte gekauft hat. *Tgl. außer Mo 20 Uhr, Sa und So auch 15 Uhr, Spielbudenplatz 1, Tel. 27 07 52 70, S 1, S 2, S 3 Reeperbahn, U3 St. Pauli*

Hansa-Theater **(I 4)**
Ausschließlich für Nostalgiker. Artistik, Humor, Nervenkitzel, Sensationen. *1. Sept.–30. Juli Mo bis Sa 16 und 20 Uhr, So 15 und 19 Uhr, Steindamm 17, Tel. 24 14 14, alle S- und U-Bahnlinien Hauptbahnhof*

Komödie Winterhuder Fährhaus **(O)**
Boulevardtheater der Luxusklasse in postmoderner Stahl- und Glasarchitektur. Die meisten Stücke werden mit der Berliner »Kleinen Komödie« produziert. *Termine siehe Tageszei-*

tungen, Hudtwalckerstraße 13, Tel. 27 07 52 70, U1 Hudtwalckerstraße

Das Phantom der Oper (O)
Neben Cats das zweite Webber-Musical in Hamburg. *Tgl. außer Mo 20 Uhr, Sa und So auch 15 Uhr, Stresemannstraße/Ecke Alsenstraße, Tel. 27 07 52 70, S 11, S 21, S 31 Holstenstraße*

Pulverfaß (O)
Wenn von Sex-Shows die Rede ist, strömt alles auf die Reeperbahn. Fehler: Die frivolste Travestie-Show läuft in St. Georg. *Tgl., Pulverteich 12, Tel. 24 97 91, alle S- und U-Bahnlinien Hauptbahnhof*

Schmidt (C 5)
★ Schrilles Kneipen-Varieté-Theater mit klassischer Plüschbestuhlung, Tischbedienung und wechselnden Inszenierungen freier Theatergruppen. Gespielt wird, was dem Inhaber, Corny Littmann gefällt – und das ist eine ganze Menge. *Termine siehe Tageszeitungen, Spielbudenplatz 24, Tel. 31 48 04, U3 St. Pauli, S 1, S 2, S 3 Reeperbahn*

Neue Flora: »Phantom der Oper«

Tivoli (C 5)
Schmidt's – gleich gegenüber. *Termine siehe Tagespresse. Spielbudenplatz 29, Tel. 31 12 31, U3 St. Pauli, S 1, S 2, S 3 Reeperbahn*

OUTDOOR AM ABEND

Dämmertörn (G 4)
★ Eine Fahrt mit dem Alsterdampfer durch die Hamburger Alsterkanäle im Dämmerlicht. Schwer romantisch. *Von Mai bis September, Abfahrt Anleger Jungfernstieg, Charterinformation und Kartenvorverkauf: Tel. 34 11 41, S 1, S 2, S 3, U1, U2 Jungfernstieg*

Dschungel-Nächte (O)
★ Die Tierwelt des Carl Hagenbeck, an sich schon einen Besuch wert, wirkt abends geradezu aufregend. Und auch für Kinder »toll«. *Mai–Juni nur Sa, genaue Terminauskunft telefonisch, Hagenbeckstraße, Tel. 54 00 01 47, U2 Hagenbecks Tierpark*

SEXCLUBS UND SHOWS

Salambo (B 4)
★ Wenn es denn schon sein soll, dann bitte hier. Nach wie vor die härteste Sexshow auf der angeblich sündigsten Meile der Welt. Erprobte und konditionsstarke Darsteller. *Tgl. außer So 20–4 Uhr, Große Freiheit 11, Tel. 31 56 22, S 1, S 2, S 3 Reeperbahn*

SZENE / BARS / DISKOS / TANZVERGNÜGEN

After Shave (Disko) **(C 5)**
🕺 Wer Bewegung sucht, ist hier richtig: Auf der Tanzfläche fließt der Schweiß bis in die frühen Morgenstunden. *Fr–Mo 23–4 Uhr, Spielbudenplatz 7, Tel. 319 32 15, U3 St. Pauli; S 1 S 2, S 3 Reeperbahn*

Birdland
Wer sagt denn, daß der Jazz tot ist? Hier lebt sogar der Swing wieder auf. *Sa/So ab 21 Uhr, Gärtnerstraße 122, Tel. 40 52 77, Bus 113*

Café Keese **(C 5)**
★ Anmachschuppen der stilvollen Art. Es herrscht strikte Damenwahl: »Denken Sie stets an die These, es regiert die Frau im Keese.« Nicht wegzudenken. *Tgl. 20–4 Uhr, So/Mi auch 16–2 Uhr, Reeperbahn 19–21, Tel. 31 08 05, So ab 16 Uhr, S 1, S 2, S 3 Reeperbahn, U3 St. Pauli*

Golden Pudel Club
Für Außenstehende irritierend. Für Eingeweihte cool. Echt cool. *Fischmarkt 27, Tel. 319 53 36, U3 St. Pauli*

Knust **(G 5)**
★ Seit zehn Jahren eine Institution: Die Engtanzfete am Wochenende. Je härter die Zeiten, desto wichtiger die Schmusedisko. *Fr und Sa ab 20 Uhr, Brandstwiete 2–4, U1 Meßberg*

Madhouse (Disko) **(E 3)**
🕺 Seit 20 Jahren der Disko-Tempel in Hamburg schlechthin, wird gerade umgebaut. *Tgl. 22–4 Uhr, Fr–Sa bis 6 Uhr, Valentinskamp 46a, Tel. 34 41 93, U2 Gänsemarkt*

Meyer-Lansky's
Stilvolle Cocktailbar in Reeperbahn-Nähe, benannt nach ehemaligem Boß der Mafia. Beliebte Location für Film- und Fotoshootings. Wirklich gute Mixgetränke werden geschüttelt. Ideale Durchhaltestation für Fischmarktbesucher. Eine zweite Bar gleichen Namens jetzt auch in der Innenstadt. *Gänsemarkt 36* **(F 3)** *Tel. 34 23 01, U2 Gänsemarkt, Pinnasberg 60* **(A 6)** *Tel. 319 10 09, S 1, S 2, S 3 Reeperbahn*

Mojo Club (Disko) **(B 5)**
★ 🕺 Jung, schön und lärmresistent sollte man hier schon sein. Ab Mitternacht wird es eng mit dem Reinkommen. *Sa ab 23 Uhr, Do–Sa Jazz-Café ab 20 Uhr, Reeperbahn 1, Tel. 319 19 99, U3 St. Pauli*

Old Fashion Bar **(O)**
Ein echter Klassiker im Eppendorfer Bargetümmel. Der Name ist Programm. Vom Whiskey-Sour bis zum Tequila Sunrise ist alles im Programm, was jemals Bargeschichte gemacht hat. *Tgl. außer So 19–4 Uhr, Eppendorfer Weg 211, Tel. 422 02 27, U3 Hoheluftbrücke*

Pupasch **(C 6)**
Das nennt man Erlebnisgastronomie. Hohe Preise, hohe Anbaggerrate, und am Freitagabend garantiert rammelvoll. *Tgl. 11 bis 3 Uhr, Landungsbrücken, Tel. 31 12 45, S 1, S 2, S 3, U3 Landungsbrücken*

Schwenders **(E 5)**
Gediegene Einrichtung im Kaffeehaus-Stil, dazu klassische Musikuntermalung. *Tgl. ab 17 Uhr, Großneumarkt 1, Tel. 34 54 23, S 1, S 2, S 3 Stadthausbrücke*

Tunnel
Techno, wo er hingehört. Wechselndes DJ-Programm. *Große Freiheit 10, Tel. 317 24 30, U3St. Pauli*

THEATER

Deutsches Schauspielhaus und Malersaal **(I 4)**
Das erste Haus am Platz und ein traditioneller Ort für Theaterskandale. Der Hamburger hätte es gern alles etwas konventioneller, die wechselnden Intendanten sind meist anderer Meinung. Internationale Gastspiele haben in den letzten Jahren neue Impulse gebracht. 1995 immerhin Deutschlands »Theater des Jahres«. Ein Besuch lohnt sich auch wegen des – nach der letzten Renovierung – schön plüschigen Ambientes. Im *Malersaal* intimere Veranstaltungen. *Kirchenallee 39–41, Tel. 24 87 13, alle S- und U-Bahnlinien Hauptbahnhof*

Kampnagelfabrik **(O)**
Reserviert für experimentelles Theater, Ballettinszenierungen und Ausstellungen. Hamburgs avancierteste Avantgardeaufführungen, aber auch die trostlosesten Laienspiele finden auf dem riesigen Fabrikgelände statt. Kampnagel ist immer wieder mal in Finanznöten. Engagierte Hamburger kämpfen aber trotz allem ums Überleben des Zentrums. Längst etabliert: das alljährliche Sommertheater »auf Kampnagel«, mit internationaler Besetzung. *Jarrestraße 20–24, Tel. 27 09 49 49, U3 Saarlandstraße*

Ohnsorg-Theater **(F 4)**
Hier wird »platt gesnackt«, und zwar in Reinstform. Selbst für eingefleischte Hamburger sprachlich nicht nachvollziehbar. Aber ein volksnahes Vergnügen. Nicht totzukriegen. Warum auch? *Große Bleichen 23–25, Tel. 35 08 03-21, S 1, S 2, S 3, U1, U2 Jungfernstieg*

Piccolotheater **(O)**
Kleinstes Theater der Welt, mit oft sehr lohnenswerten, etwas skurrilen Aufführungen. Im Hinterzimmer eines Kneipenrestaurants. *Elbchaussee 14, Tel. 390 33 29, S 1, S 2, S 3, S 11, S 21, S 31 Altona*

Thalia-Theater und TIK **(G 4)**
★ Das zweite staatliche Ensemble in Hamburg hat sich in den letzten Jahren still und heimlich nach vorn gespielt. Der Intendant Jürgen Flimm lockte auch Kreative von internationalem Rang ins Haus. So inszenierte hier der amerikanische Kultstar Robert Wilson den »Freischütz« zur Musik von Tom Waits. Kleinere, manchmal sogar sehenswerte Aufführungen im *TIK (Theater in der Kunsthalle). Alstertor, Tel. 32 26 66, S 1, S 2, S 3, U1, U2 Jungfernstieg, U3 Mönckebergstraße, TIK (H 3), Glockengießerwall 1, alle S- und U-Bahnlinien, Hauptbahnhof*

Winterhuder Fährhaus **(O)**
Äußerlich ganz modern, innerlich ein fast schon traditioneller Aufführungsort für Komödien und Gastspiele der amüsanten Art. *Hudtwalckerstr. 13, Tel. 48 06 80 31, U1 Hudtwalckerstraße*

Das Meer liegt vor der Tür

Zum Segeln an die Ostsee, zur Obstblüte ins Alte Land

ALTES LAND

Autobahn 7 Richtung Hannover, Abfahrt Heimfeld oder Autobahn 1 Richtung Bremen, Abfahrt Harburg, dann Bundesstraße 73, ca. 45 Min.; HADAG-Schiffe ab St. Pauli-Landungsbrücken nach Lühe, ca. 90 Min. (nur von April bis Sept.); Elbfähre Blankenese-Cranz, ca. 15 Min.

Das Alte Land ist Hamburgs fruchtbarer Garten, ein sieben Kilometer breiter Marschengürtel, der sich am Südufer der Elbe bis hin nach Stade zieht. Ein Ausflug Ende April bis Anfang Mai, wenn im größten zusammenhängenden Obstanbaugebiet Europas mehr als drei Millionen Bäume in Blüte stehen, gilt den Hamburgern quasi als Pflichtveranstaltung. Zu Tausenden holen sie dann ihre Fahrräder hervor und lassen sich per Schiff die Elbe hinabschippern, um anschließend zwischen Lühe und Cranz die Spaziergänger auf den Deichen zu scheuchen.

Im Herzen des Alten Landes liegt *Jork* mit seinen prächtigen Bauernhäusern und der kleinen Barockkirche, in der einst Gotthold Ephraim Lessing zum Traualtar schritt. Rundherum finden sich die Spuren des berühmten norddeutschen Orgelbauers Arp Schnitger; in der Kirche St. Pankratius in *Neuenfelde* liegt er begraben, hier und in *Steinkirchen* hinterließ er zwei seiner Orgeln, auf denen während der Sommermonate Konzerte stattfinden.

Unweit von Jork in *Estebrügge* empfiehlt sich unbedingt ein Besuch im *Estehof (21635 Estebrügge, Estebrügger Str. 87, Tel. 04162/ 275, Fr–Mi 11–19 Uhr; im Juli/ August wg. Betriebsferien vorher telefonieren).* Vollgestopft mit bäuerlichen Antiquitäten und Holztischen bietet das dreihundert Jahre alte Fachwerkhaus solide Küche und persönlichen Service.

In *Buxtehude,* wo nach allgemeiner Übereinkunft »die Hunde mit dem Schwanze bellen«, lohnt sich ein Rundgang durch die Altstadt *(Mai bis Sept. Sa und So 11 Uhr, Treffpunkt vor dem Museum).* Von hier aus lassen sich Schiffsfahrten auf der Este oder Kutschfahrten durchs Alte Land organisieren *(Stadtinformation, Stavenert 2, Tel. 04161/50 12 97).*

Im nahegelegenen Ortsteil *Neukloster* werden zu Pfingsten alljährlich Ochsen am Spieß gebraten, im Dörfchen *Hedendorf* locken Waldlehrpfad, Hühnengräber und der Dorfkrug *Walhalla (Tgl. 10–20 Uhr, Harsefelder Str. 39, Tel. 04163/63 20 55)*

Stade, einst als Hansestadt für kurze Zeit ebenbürtig mit Hamburg, besitzt nicht nur in den Augen seiner Einwohner einen der schönsten Altstadtkerne Norddeutschlands. Der große Brand von 1659 hat zwar die meisten mittelalterlichen Gebäude zerstört, doch die nachfolgenden Kriege haben hier weniger Schaden angerichtet als anderswo. Im *Schwedenspeicher-Museum (Di–Fr 10–17 Uhr, Sa und So 10–18 Uhr, Am Wasser West)* finden sich vom Wikingerschiff über Waffen bis zu Folterwerkzeugen die wichtigsten Errungenschaften bärbeißiger Geschichte. Die erste Apfelsortiermaschine der Welt sowie allerhand neuzeitliche Technik ist im *Technik- und Verkehrsmuseum* ausgestellt *(Di–Fr 10–16 Uhr, Sa, So 10–18 Uhr, Freiburger Str. 60)*. Das *Freilichtmuseum* auf der Insel Richtung Buxtehude bietet eine Ansammlung restaurierter Fachwerkhäuser sowie einen historischen Gasthof samt idyllischem Kaffeegarten *(Mai–Sept. Di–So von 10–13, 14–17 Uhr)*

Informationen: *Fremdenverkehrsamt Stade, Bahnhofsstr. 3, 21682 Stade, Tel. 04141/37 38, Fax 40 14 57*

BAD SEGEBERG

Autobahn 1 Hamburg-Lübeck, Abfahrt Bargteheide, Bundesstraße 404 bis Bad Segeberg, ca. 55 km, ca. 60 Min.

Wahrzeichen der Stadt ist der für norddeutsche Verhältnisse aberwitzig hohe Kalkfels – immerhin 91 Meter ragt er empor. Im Inneren hausen bei konstanter Luftfeuchtigkeit Fledermäuse und der berühmte Sege-

Einst ebenbürtig mit Hamburg: Stade

berger Höhlenkäfer, draußen liefern sich bei den noch berühmteren *Karl-May-Festspielen* Indianer und Cowboys Duelle. *(Während der Sommerferien Do–Sa 15 und 20 Uhr, So 15 Uhr, Tel. 04551/952 10)*

Information: *Fremdenverkehrsamt, 23795 Bad Segeberg, Tel. 04551/ 572 33, Fax 572 31*

HELGOLAND

Tagesausflug, per Bus oder Bahn bis Cuxhaven, Schiffsüberfahrt ca. 90 Min.; im Juni auch jeden Sa mit dem Schiff ab Hamburg; Reederei Seetouristik, Tel. 040/40 29 29

Deutschlands einzige echte Hochseeinsel mit ihren roten Sandsteinfelsen und ihrer bewegten Vergangenheit ist bekannt und berüchtigt als zollfreie Schnaps- und Zigarettenbude. Jetzt wollen die Helgoländer hart an diesem Image arbeiten; ganz sicher aber werden sie das Privileg nicht aufgeben, die Tagesgäste aus- und wieder einzubooten. Ansonsten bietet die Insel Trost für Allergiker (kein Pollenflug!) sowie die *Biologische Forschungsanstalt* mit ihrem Seewasseraquarium, ein Kurhaus, einen Klippenwanderweg und eine vorgelagerte Düne mit Badegelegenheiten am Strand.

Informationen: *Fremdenverkehrsverein, 27498 Helgoland, Tel. 04725/ 814 30, Fax 81 43 25*

HOLSTEINISCHE SCHWEIZ

Autobahn 7 Richtung Flensburg, Abfahrt Neumünster-Wittorf Richtung Plön; Autobahn 1 Richtung Lübeck, Abfahrt Eutin, ca. 75 bis 100 km, ca. 60 Min.

Eutin, Malente, Preetz und *Plön* – schon die Ortsnamen sind so schön. Erst recht die Gegend. Hügel- und Seelandschaften

Seen zum Segeln, Hügel zum Wandern: Plöner See

wechseln hier so reizend wie nirgends im norddeutschen Flachland. Über all dem liegt behagliche Kuratmosphäre. Geruhsam sollte man es hier angehen lassen, im Sommer am besten bei einer der Seen-Rundfahrten mit dem Schiff *(Auskunft in Eutin Tel. 04521/33 44; Auskunft in Malente-Gremsmühlen Tel. 04523/22 01; Auskunft in Plön Tel. 04522/67 16)*. Im Winter bietet sich für den Skiläufer, der schon überall war, ein Abstecher zum Bungsberg an. Läßt die Schneelage es zu, findet hier Rodel- und sogar Abfahrtslauf statt. Die Zahl der Spazier- und Wanderwege in der Holsteinischen Schweiz ist Legion. Einer davon führt südlich von Malente durch den Staatsforst Bergen zur sogenannten *Bräutigamseiche*. Dort deponiert der Briefträger allwöchentlich schriftliche Heiratsgesuche aus deutschen Landen – jeder Brief darf geöffnet werden *(Adresse: Dodauer Forst, 23724 Malente-Gremsmühlen)*.

Informationen: *Kurverwaltung, 24306 Plön, Tel. 04522/27 17, Fax 22 29*

KIEL

Autobahn 7 Hamburg – Kiel, ca. 90 km, ca. 60 Min.; Bahn: ca. alle 30 Min. ab Hamburg Hbf. bis Kiel, ca. 70 Min.

Nach Kiel zu fahren gibt es für eingefleischte Hamburger eigentlich nur einen einzigen Grund: Die *Kieler Woche*, jedes Jahr im Juni veranstaltet, ist Deutschlands wichtigstes Segelregattaereignis. Rundherum finden zahlreiche Veranstaltungen statt. Wer etwas für die Marine übrig hat, der kann in Kiel außerdem das *Ehrenmal Laboe* samt U-Boot besichtigen *(April–Okt. 9.30–18 Uhr, Nov–März 9.30–16 Uhr)*.

Informationen: *Tourist Information, Sophienblatt 30, 24103 Kiel, Tel. 0431/67 91 00, Fax 67 54 39*

LAUENBURG

Bundesstraße 5 über Geesthacht, ca. 40 km, ca. 45 Min.; Bahn: stdl. ab Hamburg Hbf. bis Lauenburg, ca. 50 Min.

Zwischen Geesthacht und Lauenburg streckt sich das Hohe Elbufer dahin, ein dicht bewaldeter Rücken mit einer Vegetation, die das Herz des Botanikers erfreut. Zu römischer Zeit verlief hier die Grenze zwischen Sachsen und Slawen. Heute markieren technische Großbauwerke den Flußverlauf der Elbe: Das umstrittene *Kernkraftwerk Krümmel* läßt sich ebenso besichtigen *(Di–So 9–16.30 Uhr)* wie das *Geesthachter Pumpspeicherwerk (Di–So 10–16 Uhr)* oder das *Schiffshebewerk Scharnebeck*, die weltweit größte Anlage dieser Art *(Tgl. 10–12 und 14–17 Uhr)*. Lauenburg selbst blickt auf eine sehr wechselvolle Geschichte zurück; der Schloßberg gilt als südlichster Punkt des nördlichsten Bundeslandes Schleswig-Holstein, und man sollte sich ruhig einen Blick von hier aus ins Niedersächsische hinein gönnen. Historische Gefühle kommen in der Elbstraße dank eines geschlossenen Fachwerkensembles auf, von der Terrasse des *Hotels Möller* aus läßt sich beim Kaffee die Elbe bewundern.

Informationen: *Fremdenverkehrsamt, 21481 Lauenburg, Tel. 04153/59 09 81, Fax 59 09 95*

LAUENBURGISCHE SEEN

Lauenburg: Bundesstraße 5 über Geesthacht, ca. 40 km, ca. 45 Min.; Mölln: Autobahn 24 Hamburg – Berlin, Abfahrt Talkau, Bundesstraße 207, ca. 50 Kilometer, ca. 50 Min.

Südlich von Lübeck und hart an der Grenze zu Mecklenburg-Vorpommern war hier bis zur Wiedervereinigung die westliche Welt zu Ende. Aber auch damals schon lockte der 440 Quadratkilometer große *Naturpark Lauenburgische Seen* großstadtmüde Hamburger an. Die Landschaft ist weithin hügelig – ein Ergebnis der jüngsten Eiszeit, als Skandinaviens Gletscher bis zur Elbe vordrangen. Ein charakteristisches Merkmal sind auch die sogenannten Knicks – Erdwälle, die, mit Sträuchern bepflanzt, den notorischen norddeutschen Wind bremsen sollen und etwa alle zehn Jahre »auf den Stock gesetzt«, das heißt radikal gestutzt werden. Die heimische Tierwelt übersteht das ohne Schaden, sie ist hier sogar besonders ausgeprägt.

Eine Rundfahrt könnte auf der Bundesstraße 209 bei *Lauenburg* beginnen. Sie folgt dem uralten Handelsweg, auf dem einst das wertvolle Salz von Lüneburg in den Ostseeraum transportiert wurde, wo man damit seine Heringe pökelte.

Dörfer wie *Lütau, Büchen, Siebeneichen* sind einen Abstecher wert, desgleichen *Schloß Wotersen*, vielen bekannt aus der Fernsehserie »Die Guldenburgs« als ein Ort finsterer Familienintrigen. In Wahrheit gehört es der Familie derer von Bernstorff und wird zu zahlreichen Kulturveranstaltungen genutzt *(Informationen unter Tel. 04158/407)*. Von *Mai – Sept.* ist die *Schloßgaststätte »Historisches Gewölbe«* geöffnet. *(Di–So 13–18 Uhr, Sa So ab 10 Uhr).*

Unbedingt sehenswert ist die gemütliche Stadt *Mölln*, einst sichere Zuflucht vor Wegelagerern auf der alten Salzstraße und letzte Ruhestätte des berüchtigten Schelms Till Eulenspiegel; sein Grab bei der Nikolaikirche und der Brunnen beweisen, wie sehr er trotz aller üblen Streiche noch verehrt wird. *(Information: Kurverwaltung, 23879 Mölln, Tel. 04542/7099)*

Von Mölln aus bieten sich Wanderungen um den *Pinnsee* oder um den *Lüttauer See* an; ansonsten geht die Fahrt weiter nach *Ratzeburg*, Heimat des früher legendären Olympiaachters. Der Dom kann besichtigt werden *(April–Okt. Di–So 10–12 und 14–18 Uhr, Nov.–März 10–16 Uhr)*, und gleich nebenan ein kleines Museum, das dem Zeichner A. Paul Weber *(Di–So 10–13 und 14–17 Uhr)* gewidmet ist. Nördlich von Ratzeburg erstreckt sich der *Ratzeburger See*, südlich der kleinere *Küchensee*, und zwischen den beiden läßt sich gediegen im *Hotel-Restaurant Seehof* speisen *(Restaurant: tgl. 7–23 Uhr; Hotel: 65 Zi., Lüneburger Damm 1, 23909 Ratzeburg, Tel. 04541/2055, Fax 7861, Hotel/Restaurant Kategorie 3)*

Östlich von *Ratzeburg* grenzt der Schaalsee Schleswig-Holstein von Mecklenburg-Vorpommern ab. Naturschützer sehen es gar nicht gern, wenn Touristen die seltenen Seeadlerpärchen stören, die hier noch brüten. In *Zarrentin* gibt es immerhin einen

Bootsverleih, Bademöglichkeiten finden sich in *Techin, Lassahn, Dutzow, Dargow* und *Seedorf*, und wer Appetit verspürt, eine der sagenumwobenen Großen Maränen aus dem Schaalsee zu verspeisen, der sollte im bekannten Fischrestaurant *Maräne* in *Groß Zecher* einkehren *(April–Okt. tgl. 11.30–21 Uhr, Nov.–März nur Mi–Mo, Tel. 04545/13 71).*

Informationen: *Ratzeburg-Info, Schloßwiese 7, 23909 Ratzeburg, Tel. 04541/80 00 80, Fax 53 27. Spezielle Angebote für Ausflügler aus Hamburg (Wanderbus, Paddeltouren) bietet der Verein Alte Salzstraße, Am Markt 10, 23909 Ratzeburg, Tel. 04541/20 06, Fax 845 53*

LÜBECK-TRAVEMÜNDE

Autobahn 1 Hamburg-Lübeck, ca. 65 km, ca. 60 Min.; Bahn: ca. alle 40 Min. ab Hamburg Hbf. – Lübeck Hbf. – Travemünde-Strand, ca. 60 Min.

Einst die mächtigste aller Hansestädte, heute immer noch die schönste. Die größtenteils erhaltene Altstadt wurde von der Unesco zum Weltkulturerbe erklärt.

Marzipanliebhaber und Inhaber alter Fünfzigmarkscheine kennen mindestens das *Holstentor*, Lübecks Wahrzeichen. Literaturfreunde werden beim Anblick der alten Patrizierhäuser zwangsläufig an Thomas Mann und seine »Buddenbrooks« denken (das Stammhaus seiner Familie steht in der *Mengstraße 4)*. Der *Dom*, die *Marienkirche*, das *Rathaus*, der *Turm von St. Petri* und das *Heiligen-Geist-Hospital* zählen zu den wichtigsten Sehenswürdigkeiten. Ermattete und Hungrige suchen entweder das *Cafe Niederegger* auf *(Mo–Sa 9–18.30 Uhr, So 10 bis 18 Uhr, Breite Str. 89)*, das Haus der *Schiffergesellschaft (Di–So 10–1 Uhr, Breite Str. 2, Tel. 0451/767 76)* oder das *Schabbelhaus (Mo bis Sa 12–15, 18–23 Uhr, Mengstr. 48, Tel. 0451/720 11)*

Der Stadtteil *Travemünde* lockt nicht so sehr mit seiner Architektur, sondern mit seinem *Spielcasino* und dem *Hafen*, von dem aus die Ostsee-Fähren nach Gedser, Kopenhagen, Trelleborg, Bornholm, Stockholm und Helsinki verkehren.

Von Travemünde aus ist es nur noch ein Katzensprung Richtung *Timmendorfer Strand*, wo sich an warmen Sommerwochenenden halb Hamburg auf die Füße tritt. An solchen Tagen empfiehlt es sich, die Autobahn Hamburg-Lübeck weiträumig zu meiden.

Informationen: *Verkehrsverein, Holstenstr. 20, 23552 Lübeck, Tel. 0451/723 00, Fax 70 48 90*

LÜNEBURGER HEIDE

Autobahn 7 Richtung Hannover, Abfahrten Egestorf, Evendorf oder Bispingen, Bundesstraße 3 bis Welle oder Wintermoor, ca. 30 bis 50 km, ca. 60 Min.; Bahn: stdtl. ab Hamburg Hbf. – Buchholz, ca. 30 Min., ab Buchholz Heidebahn; Haltestellen Suerhop, Holm-Seppensen, Büsenbachtal, Handeloh, Wintermoor, Schneverdingen, Hemsen, Wolterdingen, Soltau.

Was das Alte Land im Frühjahr ist die Lüneburger Heide im Herbst – fast ein Pflichtausflugsziel. Vier Millionen Besucher weiden sich alljährlich am An-

Lüneburger Heide: Am schönsten im Herbst zur Heideblüte

blick der violetten Heidekrautblüte. Dabei ist die Landschaft rund um den *Wilseder Berg* eigentlich eine geologische Schutthalde, zusammengeschoben von den mächtigen Gletschern der letzten großen Eiszeit und das Ergebnis eines Naturfrevels unserer Altvordern: Die einstigen herrlichen Wälder wurden zur Salzgewinnung in den Salinen verfeuert. Ackerbau ließ sich auf den mageren Böden nur bedingt treiben, und so entstand durch Heidschnuckenbeweidung die typische karge Vegetation. Hermann Löns hat die Gegend berühmt gemacht, 1921 wurde sie zum ersten Naturschutzgebiet Deutschlands erklärt, das inzwischen nach Abzug der britischen Truppen 230 Quadratkilometer groß ist. Teile der Lüneburger Heide sind für den Autoverkehr gesperrt, empfehlenswert ist eine Fahrt mit dem *Oldtimer Zug »Heide-Express« (Tourist Info Amelinghausen, Lüneburger Str. 55, 21385 Amelinghausen, Tel. 04132/92 09 19)*

Lüneburg selbst besitzt eine der schönsten Altstädte Norddeutschlands, ganz und gar in rotem Backstein erbaut. Sie wurde inzwischen als »städtebauliches Kunstwerk von europäischem Rang« eingestuft. Wichtigste Sehenswürdigkeiten: Das *Rathaus*, die Kirchen *St. Johannis, St. Nikolai, St. Michaelis*, das *Kloster Lüne* und das *Deutsche Salzmuseum (Mo–Fr 9 bis 18 Uhr, Sa und So 11 bis 13 Uhr, Sülfmeisterstr. 1)*. Wer anschließend Durst verspürt, ist am besten im *Kronenbrauhaus* aufgehoben *(Tgl. 10–23 Uhr, Heiligengeiststr. 39, Tel. 04131/ 71 32 00)*

Informationen: *Tourist-Information, PF 2540, 21315 Lüneburg, Tel. 04131/30 95 93, Fax 30 95 98*

SACHSENWALD

S 2/S 21 ab Hamburg-Hauptbahnhof bis Bergedorf-Friedrichsruh/Aumühle; Autobahn 24 Richtung Berlin, Abfahrt Reinbek oder Grande; Bundesstraße 5 bis Bergedorf, dann Bundesstraße 207, ca. 25 km, ca. 30 Min.

Größtes geschlossenes Waldgebiet Schleswig-Holsteins, letzte Ruhestätte des *Reichskanzlers Bismarck* (der Bahnhof Friedrichsruh wurde eigens zu diesem Zweck gebaut). Wald wuchs hier schon seit der Steinzeit, und entsprechend hoch ist die Dichte an Grabhügeln, Denkmälern und sonstigen Funden aus vorgeschichtlicher Zeit. Wer es weniger germanisch liebt, dem sei ein Besuch im *Garten der Schmetterlinge* empfohlen *(April bis Okt. tgl. 9–18 Uhr, Nov.–März 9–17 Uhr)*. Ältere Semester kehren gern voller Rührung ein im *Forsthaus Friedrichsruh (tgl. 11.30 bis 21 Uhr, Nov.–März Mo geschl. 21521 Aumühle, Tel. 04104/23 01)* – hier trainierte einst der Boxer Max Schmeling.

Informationen: *Gemeindeverwaltung, Bismarckallee 21, 21521 Aumühle, Tel. 04104/97 80 11, Fax 97 80 13*

SYLT

Autobahn 7 bis Flensburg, Bundesstraße 199 und Bundesstraße 5 bis zur Autoverladung Niebüll, ca. 200 km, ca. drei Std.; Bahn: Intercity stdl. von Hamburg-Altona bis Westerland, ca. 3 Std.

An einem Tag ist Sylt eigentlich nicht zu bewältigen, nur ganz Sportliche schaffen das (zum Beispiel ganz preiswert mit einem Wochenendticket der Bundesbahn). Aber Sylt gehört zu Hamburg wie das Zugspitzenplateau zu München – ganz schön weit weg, trotzdem fest eingemeindet. Die wichtigsten *musts* in Kürze: Der Fischstand *Gosch* am Lister Hafen, Deutschlands nördlichster Edelimbiß; das *Sansibar* am Strand zwischen Hörnum und Rantum, Sylts südlichster Promi-nententreffpunkt; die *Whiskymeile* von Kampen, Kampens teuerster Autosalon.

Schrägstes Erlebnis im Sommer: der FFK-Treffpunkt an *Buhne 16*. Schrägstes Erlebnis im Winter: Die *Strandsauna* zwischen Uwe-Düne und Ellenbogen, wenn sie denn geöffnet hat (zum Beispiel an Weihnachten und Neujahr). Bloß nicht: Westerland. Unbedingt: Spaziergang am Ellenbogen. Insgesamt: Es braucht Humor, um Sylt schön zu finden.

Informationen: *Fremdenverkehrs-Zentrale, 25980 Sylt-Westerland, Tel. 04651/99 88*

WENDLAND

Autobahn 1 Richtung Süden bis Maschener Kreuz, Autobahn 250 und Bundesstraße 4 bis Lüneburg, Bundesstraße 216 und Landstraße bis Hitzacker, ca. 120 km, ca. zwei Std.

Bis zur Wiedervereinigung war das Wendland die bevorzugte Adresse für großstadtmüde Hamburger und Aussteiger aller Art. Im Landkreis Lüchow-Dannenberg schien die Zeit stehengeblieben, sah man von den Auseinandersetzungen um den Atommüll-Lagerplatz Gorleben ab. Heute ist die Elbe wieder passierbar; die Straßenbrücke nach *Dömitz* wurde 1992 wieder eröffnet. Typisch für das Wendland sind die zahlreichen kleinen Runddörfer. Am Nordufer der Elbe hat sich hier eine der letzten ursprünglichen Flußlandschaften Europas erhalten. Ein Besuch des Städtchens *Hitzacker* lohnt sich besonders Ende Juli und Anfang August, wenn die traditionellen Musiktage stattfinden. In *Dömitz* ist die uralte Festung zu besichtigen, in der Mitte des vorigen Jahrhunderts der mecklenburgische Schriftsteller Fritz Reuter gefangengehalten wurde.

Informationen: *Kurverwaltung, Weinbergsweg 2, 29456 Hitzacker, Tel. 05862/80 22.*

H 18803
EILBEK
SUSEBEK

Von Auskunft bis Zeitansage

Gewußt wie. Adressen und Telefonnummern, Tips, die in jeder Lage weiterhelfen

AUSKUNFT

Vor der Reise:
Tourismus-Zentrale Hamburg (**H5**)
Hamburg-Hotline
Burchardstr. 14,
20095 Hamburg,
Tel. 040/300 51-300,
Fax 300 51-333

Informationsstellen in Hamburg:
Tourist Information im Hauptbahnhof (**O**)
Hauptausgang Kirchenallee,
tgl. 7–23 Uhr, Tel. 300 51-200

Tourist Information am Hafen (**D6**)
St. Pauli-Landungsbrücken,
zwischen Brücke 4 und 5
April–Okt. tgl. 10–19 Uhr, Nov. bis März tgl. 9–17.30 Uhr,
Tel. 300 51-200

BABYSITTER

Aufsicht für den Nachwuchs vermittelt der Studentenservice beim Arbeitsamt Hamburg. *Mo bis Fr 7–15 Uhr, Tel. 248 50*

Erleben Sie Hamburg von der Wasserseite bei einer Alsterdampferfahrt

BÜCHER

Anna Brenken, Egbert Kossak: »Hamburg Spaziergänge«, Ellert & Richter 1989, Sammlung literarischer Aufsätze; *Emanuel Eckert: »Hamburg – Das Insiderlexikon«,* C. H. Beck 1996, amüsante Reportagen; *Hermann Hipp: »Freie und Hansestadt Hamburg.«* DuMont 1990, Hamburger Geschichte und Kunstgeschichte.

FUNDBÜRO

Erstaunliches Sammelsurium. (**C3**) *Bäckerbreitergang 73, Tel. 35 18 51, Mo 8–16, Di 7–12, Mi 8–12, Do 8–18 Uhr, U2 Gänsemarkt*

GELDWECHSEL

Wechselstube der *Deutschen Verkehrsbank, Hauptbahnhof Wandelhalle* (**A5**), *1. Stock, tgl. 7.30–22 Uhr*

MITFAHRZENTRALEN

Mitfahrerzentrale am Hauptbahnhof (**F3**), *Ernst-Merck-Str. 8, Tel. 194 40,* Mitfahrzentrale City Netz (**O**), *Gotenstraße 19, Tel. 194 44,* Mitfahrzentrale bei der Uni (**O**) *Rutschbahn 3, Tel. 41 40 26 11*

ÖFFENTLICHE VERKEHRSMITTEL

Die U- und S-Bahnen sowie Busse sind im Hamburger Verkehrsverbund (HVV) zusammengeschlossen. Es gilt ein einheitliches Tarifsystem. Empfehlenswert: die »Hamburg-Card«, die freie Fahrt mit öffentlichen Verkehrsmitteln, freien Eintritt in elf Museen und Ermäßigungen bei Stadt-, Hafen- und Alsterrundfahrten bietet. *Pro Person und Tag: 12,50 Mark, Gruppenkarte: 4 Erwachsene, 3 Kinder: 24 Mark.* Die HVV-Karten gelten auch auf den neun Hafenfähren und auf der Fähre von Blankenese nach Cranz. *Telefonische Auskunft unter: 194 49, tgl. 7–20 Uhr*

RADIOSTATIONEN

NDR 2: 87,6 UKW
Radio Hamburg: 103,6 UKW
Alsterradio: 106,8 UKW
Radio OK: 95,0 UKW
Hamburg-Welle: 90,3 UKW
Alle Stationen senden auch Verkehrsinformationen.

RUNDFLÜGE

Himmelsschreiber (Wasserflugzeug): *Tel. 37 83 41;* Alsterflugcenter (Cessna): *Tel. 500 01 47*; Ballonfahrten: *Tel. 48 46 47*; Helicopter-Service: *Tel. 640 10 81*; Orville-Flug (Oldtimer): *Tel. 422 42 24*; Lufthansa (»Tante Ju«): *Tel. 50 70 17 17*

SPORT

Fitneß

Es gibt in Hamburg mehr als zwei Dutzend Fitneßzentren. Am schönsten ist die Kaifu-Lodge, eine Squash- und Gymnastikanlage mit angeschlossenem Hallen- und Freibad samt Sauna, Bar und Restaurant. (O) *Bundesstraße 107, Tel. 40 12 81, U2 Christuskirche*

Schwimmen

Das schönste Hallenbad ist zweifellos das Holthusenbad mit seinem beheizten Außenbecken und einer Warmwassertherme. Das größte Bad in der Stadt ist die Alsterschwimmhalle, ein Be-

Eine Stadtrundfahrt mit der Hummelbahn

trieb von wahrhaft olympischem Ausmaß. *Holthusenbad,* (**O**) *Goernestraße 21, Tel. 47 47 54, U1, U3 Kellinghusenstraße, Alsterschwimmhalle,* (**O**) *Ifflandstraße 21, Tel. 22 30 12, U1, U2 Lübecker Straße*

STADTRUNDFAHRTEN

Angeboten werden die unterschiedlichsten Rundfahrten: Von einer Stunde Dauer bis zu 2 1/2 Stunden mit dem normalen Bus über 90 Min. Dauer mit der Hummelbahn oder dem roten Doppeldeckerbus bis hin zur dreistündigen Lichterfahrt am Abend. Die meisten Rundfahrten beginnen am Hauptbahnhof, Abfahrt stdl., Ausgang Kirchenallee (**B4**); andere (Roter Doppeldecker) an den Landungsbrücken (**C6**).
Hummelbahn, Roter Doppeldecker: *Tel. 792 89 79.*
Andere Stadtrundfahrten: *Tel. 22 71 06 oder 30 05 10*
Auskünfte: *Tel. 22 71 06-0*

Stadtrundgänge

Alternative Führungen. Von Anfang Februar bis Ende November regelmäßig durch die Innenstadt *(Treffpunkt Haupteingang Rathaus, samstags 15 Uhr)* oder durch St. Paul: *(Treffpunkt Landungsbrücke beim Uhrturm, Sonntag 11 Uhr).* Weitere Themenschwerpunkte im Sommer. Auskünfte: *Stattreisen Hamburg, Tel. 430 34 81, Info-Line: 430 74 29*

STADTZEITUNGEN MIT VERANSTALTUNGSKALENDER

Hamburger Morgenpost (täglich)
Bild Hamburg (täglich)
Hamburger Abendblatt (täglich)
taz mit Lokalteil Hamburg (täglich)
Szene Hamburg (monatlich)
Prinz Hamburg (monatlich)
Oxmox Hamburg (monatlich)
Hamburger Rundschau (wöchentlich)

TAXI

Taxiruf Hamburg: *44 10 11*
Hansa Funktaxi: *21 12 11*
Taxi Hamburg: *66 66 66*
das taxi: *22 11 22*
Hinweis: Sie können in jedem Nachtbus des HVV beim Fahrer für die Reststrecke ein Taxi zu der von Ihnen gewünschten Haltestelle anfordern.

THEATER- UND KONZERTKARTEN

Theaterkasse Central, (**H4**) *Gerhart-Hauptmann-Platz 48, Tel. 33 71 24, U3 Mönckebergstraße*

Kurt Collien, (**O**) *Eppendorfer Baum 25, Tel. 48 33 90, U3 Eppendorfer Baum*

Konzertkasse Gerdes, (**F1**) *Rothenbaumchaussee 77, Tel. 45 33 26, 44 02 98, U1 Hallerstraße*

Stella-Musical-Shop, (**F4**) *Hanse-Viertel, Eingang Poststraße, Tel. 35 33 32, U1 Gänsemarkt*

E. Schuhmacher, (**F3**) *Colonnaden 37, Tel. 34 30 44, U2 Gänsemarkt*

VERLEIH

Autoverleih

MM-Autovermietung, (**O**) *Bramfelder Straße 40, Tel. 29 12 30/39*
Avis, (**O**) *Drehbahn 15–25, Tel. 34 16 51*

Europcar, (**14**) *Hauptbahnhof, Tel. 33 59 41*
Hertz, (**14**) *Kirchenallee 34, Tel. 280 12 01-03*
TopCar, (**14**) *Gertrudenstr. 2, Tel. 33 59 98*

Bootsverleih
Für die kleine Segelpartie:
Bobby Reich, (**O**) *Fernsicht 2, Tel. 48 78 24*
Bodos Bootssteg, (**O**) *Harvestehuder Weg 1b, Tel. 44 06 54*
Bootswerft Dornheim, (**O**) *Kaemmererufer 25, Tel. 279 41 84*

Fahrradverleih
Fahrradladen St. Georg, (**O**) *Schmilinskystr. 6, Tel. 24 39 08*
Fahrrad Richter, (**O**) *Barmbeker Str. 16, Tel. 27 50 95*
Fahrrad Löwe, (**O**) *Wandsbeker Chaussee 13, Tel. 25 59 91*

WICHTIGE RUFNUMMERN

Alsterrundfahrten	*357 42 40*
Ärztlicher Notdienst	*22 80 22*
Flughafenauskunft	*50 57-25 57*
Kinoprogramme	*01 15 11/ 01 15 12/01 15 13/01 15 14*
Krankenwagen	*192 22*
Kirche für die Stadt	*37 67 81 80*
Oper und Theater	*01 15 16*
Veranstaltungskalender	*01 15 15*
Zahnärztlicher Notdienst	*01 15 00*
Zeitansage	*011 91*

WETTER IN HAMBURG

Die monatlichen Durchschnittswerte im Überblick

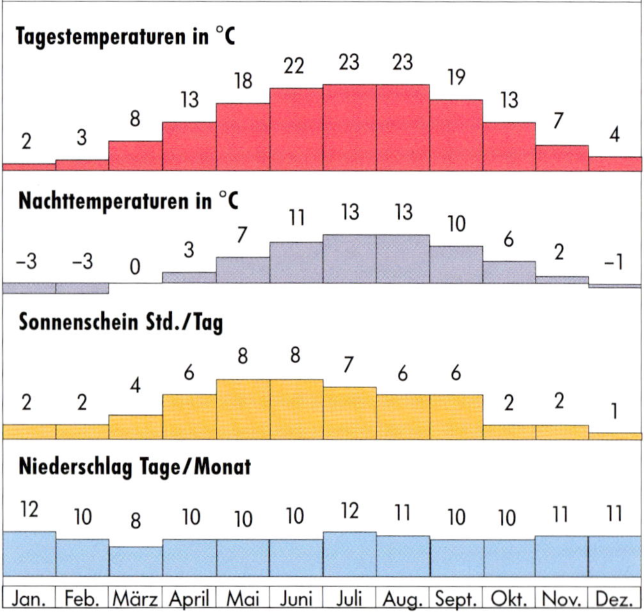

Bloß nicht!

Wie in jeder Großstadt gibt es auch in Hamburg Nepp, Bauernfang und Dinge, die man nicht tut oder nicht tun sollte

Aalsuppe
»Was ist denn da alles drin?« fragen neugierige Touristen gern den Kellner. »Och«, lautet meistens die Antwort, »alles mögliche.« Eben. Aal zum Beispiel gehört gar nicht hinein. Es ist ein Armeleutegericht aus Resten, in das alles, nämlich »aal«, hineinkam. Und so schmeckt sie meistens auch. Halten Sie Abstand, es sei denn, Sie sind in einem erstklassigen Restaurant.

Autostrich St. Georg
Es sagt ja niemand, daß Prostitution etwas mit Liebe zu tun hat. Aber was hier im Milieu von erst Minderjährigen und Drogenabhängigen geboten wird, ist gar nicht mehr lustig. Die Mädchen können einem, speziell im Winter, wirklich nur leid tun. Die Gefahren für Leib und Leben liegen auf der Hand.

Dom
Sommers wie winters das gleiche Bild: ein gigantischer Rummelplatz, auf dem einzig und allein nach der Geldbörse des Besuchers gezielt wird. Mit Volksfest hat dies nichts mehr zu tun. Die technischen Sensationen der Schausteller machen einen immer lebensgefährlicheren Eindruck; wem beim Doppellooping in der Achterbahn schlecht wird, der hat selber schuld.

Drogen
In der Hafenstadt Hamburg wird einiges umgeschlagen. Harte Drogen gehören auch dazu. In Ihrem eigenen Interesse: Finger weg!

Hauptbahnhof
Ausgang Kirchenallee. Notorischer Treffpunkt von Dealern, Strichern und anderen finsteren Gestalten. Stehen Sie hier nicht allzu arglos herum, und passen Sie auf Ihre Siebensachen auf!

Der Dom. Nur für Hartgesottene und Würstchenliebhaber

Die Marco Polo Bitte

Marco Polo war der erste Weltreisende. Er reiste in friedlicher Absicht, verband Ost und West. Er wollte die Welt entdecken, fremde Kulturen kennenlernen, nicht zerstören. Könnte er für uns Reisende des 20. Jahrhunderts nicht Vorbild sein? Aufgeschlossen und friedlich sollte unsere Haltung auf Reisen sein. Dazu gehören auch Respekt vor Mensch und Tier und die Bewahrung der Umwelt.

Platt

Reden Sie so, wie Ihnen der Schnabel gewachsen ist, aber versuchen Sie um Gottes willen nicht *plattdütsch* oder *missingsch.* Sagen Sie also *Guten Tag* oder *Grüß Gott*, und lassen Sie das *Moin* oder gar *Moin Moin* weg, falls Sie aus Regensburg sind.

Rush-hour

Fahren Sie morgens zwischen sieben und neun oder abends zwischen fünf und halb sieben Uhr nicht mit dem Auto durch die Innenstadt. Auch nicht durch den Elbtunnel. Oder auf irgendeine der Ausfallstraßen. Die Staus werden von Jahr zu Jahr schlimmer, und wenn es dann noch regnet, kracht es meistens schnell.

Spielbank

Der Charme einer Bahnhofshalle und die Eleganz eines Hochhausflurs tragen dazu bei, die Illusion vom großen Glück noch rascher zu zerstören als in anderen Spielbanken. Fahren Sie nach Baden-Baden, nach Monte Carlo oder wenigstens ins benachbarte Hittfeld, dort finden Sie eher das Flair, das Sie möglicherweise suchen.

Stadtrundfahrten bei Nacht

Man führt Sie garantiert an die langweiligsten Orte von St. Pauli und knöpft Ihnen dafür auch noch einen knappen Hunderter ab. Die Veranstalter haben offenbar ein stillschweigendes Abkommen mit den ödesten Lokalen getroffen.

Unpassendes Outfit

Und wenn die Sonne noch so heiß brennen sollte: In der City trägt der Herr keine kurzen Hosen und die Dame keinen Bikini. Auch diese neumodischen Jogginganzüge in lila Lycra weisen Sie leider unfehlbar als Nichthamburger aus. Orden trägt man in Hamburg überhaupt nicht, braune Schuhe nur, wenn es nicht anders geht, und dann auf keinen Fall zum blauen Anzug (merke: Braun und Blau trägt die Sau). Mit einem blitzenden Goldkettchen, dicker Rolexuhr, offenem Hemd und solarienbraunem Teint wird man Sie unverzüglich in das Ludenmilieu einreihen. Mit dezentem Kostüm oder blauem Blazer zur grauen Hose gehen Sie dagegen rein äußerlich fast schon als Hanseat durch.

Winter-/Sommerschlußverkauf

Längst sind die Zeiten vorbei, in denen die Ware tatsächlich herabgesetzt wurde. Heute wird billiger Ramsch in großen Mengen eigens für den Schlußverkauf angeschafft. Alles ist überfüllt.

Im Register sind die in dem Führer erwähnten Sehenswürdigkeiten, Museen, Restaurants und Hotels verzeichnet. Kleinere Straßen und Plätze finden sich bei den Stadtteilen. Halbfette Seitenzahlen verweisen auf den Haupteintrag, kursive auf ein Foto.

Sehenswürdigkeiten

Museen

Restaurants

Hotels

Was bekomme ich für mein Geld?

Zunächst einmal: stets weniger, als Sie glauben würden. Außerdem ist der Aufenthalt in einer fremden Stadt immer teuer, und das gilt ganz besonders für Großstädte, wie Hamburg es nun einmal ist. Wenn Sie irgendwo mit Ausblick auf Alster oder Elbe sitzen, sind die Preise gleich noch eine Idee höher. Fallen Sie nicht vom Stuhl, wenn Ihnen für ein Bier sechs Mark berechnet werden. In der Kneipe gleich um die Ecke kostet das schreckliche 0,3-Liter-Glas, also ein Mittelding zwischen kleinem und großem Bier, um die vier Mark. Das Glas Weißwein, und zwar von der nicht unbedingt »kopfschmerzgetesteten« Sorte, liegt bei 6 Mark.

Taxifahrer, Kellner, Friseure freuen sich über ein Trinkgeld, üblicherweise zehn Prozent vom Rechnungsbetrag, wenn Sie großzügig sein wollen auch fünfzehn Prozent.

Wenn Sie zu zweit essen gehen und nicht den allerbilligsten Stehimbiß, sondern ein besseres Lokal besuchen, sollten Sie für das Essen mindestens 25 Mark und für Getränke noch einmal das gleiche veranschlagen – pro Person, versteht sich.

Wer sich ins Vergnügen stürzt, ist vor Überraschungen nicht immer sicher. Der Minimumverzehr im Café Keese auf der Reeperbahn zum Beispiel ist ein »Gedeck« für 20,50 Mark; gleich nebenan in den diversen Neppstationen kann es leicht das Zehnfache kosten. Bei den Eintrittspreisen geben die meisten Museen Ermäßigungen für Kinder, Studenten, Rentner und Arbeitslose; bei Sonderausstellungen erheben sie andererseits einen Aufschlag.

Was eine Karte fürs Theater oder für die Oper kostet, kommt ganz darauf an, welche Ansprüche Sie stellen. Ein Rasiersitz, womöglich noch auf Studentenrabatt, ist manchmal schon für zehn Mark zu haben, ein Platz in den besten Reihen kostet entsprechend mehr.

Ein Wort schließlich noch zu den typischen »Hamburg-Souvenirs« wie Buddelschiff, Prinz-Heinrich-Mütze oder Hummel-Hummel-Figur: Sie sind meist ihr Geld nicht wert.